KB236515

젊은이들은
왜 이디야에 열광하는가

젊은이들은 왜 **이디야**에 열광하는가

김대식 지음

The EDIYA Story

매일경제신문사

이디야에 빠진 대한민국

필자는 원래 커피를 잘 마시지 않았다. 커피 맛을 잘 몰랐기 때문이다. 그러나 지금은 커피 마니아라고 부를 만큼 즐겨 마시고 있다. 세계 최고의 간(肝) 권위자인 이종수 박사(독일 본대학 의대 동양인 최초 종신교수)의 권유가 있었기 때문이다. 이 박사는 술을 좋아하는 사람들에게 커피를 마시라고 제안한다. 커피에 함유된 카페인은 간 손상을 줄여준다고 한다. 심지어 카페인은 간경화로 진행되는 것을 막아준다고 한다. 이후 필자는 한약을 먹는 셈치고 커피를 마시기 시작했다. 마시면 마실수록 커피의 맛을 알게 되고 즐기게 되었다. 이제는 술을 거의 마시지 않지만, 커피를 마시는 습관은 계속되고 있다. 어느새 커피를 마시는 시간이 삶의 일부가 된 것이다.

몇 년을 커피 애호가로 지내던 필자는 자연스럽게 커피와 커피 산업에 관심을 갖게 됐다. 커피 관련 서적을 탐독하다가 미국 시애틀에 있는 '스타벅스 1호점'을 여행했고, 귀족 커피의 주산지라 할 수 있는 자메이카의 블루마운틴 커피 농장을 방문해 '커피 장관'이라 일컬어지는 농업부장관의 안내로 블루마운틴 생산지인 해발 2,200m 고지를 견학하는 행운도 누릴 수 있었다. 일련의 커피 여행을 통해 '스타벅스 1호점'의 오랜 역사를 비롯해, 그곳에 드나드는 관광객들, 드넓은 커피 경작지, 대지 켜켜이 솟아 있는 커피나무, 진지하고 치밀한 커피의 생산과정을 지켜볼 수 있었다. 또한 커피를 직업으로 삼고 있는 무수한 사람들을 눈으로 직접 확인하며 전 세계인들이 커피를 얼마나 사랑하는지 짐작할 수 있었다. 또한 머지않은 미래에 커피의 보고인 아프리카 이디오피아를 탐험할 계획이다.

이디오피아에서 처음 재배하기 시작한 커피는 이슬람 세계에서 성스러운 각성음료로 알려진 뒤 유럽으로 건너가 맛과 향이 뛰어난 기호식품으로 발전했다. 그리고 오늘날 누구나 즐기는 최고의 음료로 자리잡았다. 커피는 석유에 이어 세계 무역량 2위에 이를 뿐 아니라, 연간 생산량이 700만 톤에 달한다고 한다. 전 세계에서 무수하게 많은 사람들이 커피를 마신다는 이야기다. 우리나라도 예외는 아니어서 커피 소비량이 해가 지날수록 급격히 증가하고 있다. 외국 브랜드들뿐 아니라 토종 브랜드들도 국내 커피 소비량 증가에 맞춰 분주하게 매장을 내고 있다.

필자가 책을 써야겠다고 생각하게 된 건 지난해 9월이었다. 당시 필자는 우연히 집 앞 이디야커피에서 커피를 마시던 중 '제3회 이디야 뮤직 페스타' 이벤트에 응모했다. 1만 명을 가득 채울 수 있는 잠실실내체육관과 화려한 라인업도 눈길을 끌었었지만, 필자가 흥미를 느낀 건 이 모든 게 고객사은 무료 콘서트라는 점이었다. 고객들에게 감사한다는 의미를 담아 대규모 무료 콘서트를 개최한다는 그 발상이 놀라웠다. 운 좋게도 필자는 '제3회 이디야 뮤직 페스타'에 당첨되었다. 그리고 콘서트 당일 다시 한 번 놀랐다. 잠실실내체육관을 가득 메운 젊은이들의 함성과 그들이 손에 쥐고 흔드는 이디야 야광봉의 물결이 필자를 완전히 압도한 것이다. 필자는 그날 젊은이들이 이디야커피에 열광하는 모습을 현장에서 온몸으로 느꼈다. 그 무렵 이디야커피가 대한민국 커피 브랜드 최초로 1,000호점을 돌파했다는 소식도 들려왔다.

필자가 이 책에서 다루는 것은 바로 토종 커피 브랜드 '이디야커피'에 대한 이야기이다. 이디야커피는 10대 청소년들부터 30~40대 회사원들까지 대한민국의 젊은층이 열광하는 브랜드이다. 그 증거는 바로 '2014 이디야커피 공개채용'이다. 2014년 7월 11일부터 31일까지 이디야는 신입사원 공개채용 지원을 받았다. 지원자는 무려 12,000명이었다. 최종합격자를 40명으로 잡았을 때 300:1의 경쟁률이다. 유수의 대기업 못지않은 경쟁률이다. 12,000명의 지원자와 300:1이라는 경쟁률은 이디야커피가 이 시대 젊은이들에게 매력적인 브랜드라는 의미이다. 몇몇 대학생에게 이디야에 대해 물어보니 '정직한 커피 브랜드, 합리적인 가격과 맛있는 커피, 복리후생이 좋아 취직하고 싶은 회사'라는 긍정적인 대답들이 돌아왔다. 알면 알수록 이디야는 상상을 뛰어넘는 커피 브랜드였다. 이디야가 대한민국 젊은이들에게 이토록 각광받고 있을 줄은 미처 생각하지도 못한 터였다.

그렇다면 젊은이들이 다른 커피전문점보다 이디야커피를 선호하는 이유는 무엇일까. 아울러 젊은이들은 이디야에서 커피를 마시고 이디야의 문화를 누리는 것에만 만족하지 않는다. 이제는 300:1의 경쟁률을 뚫고 이디야의 직원이 되려고 한다. 더 나아가 수익성이 좋기로 널리 알려진 이디야의 가맹점주가 되려고 한다. 필자는 이 책을 통해 젊은이들이 열광할 수밖에 없는 이디야의 매력이 무엇인지 살펴보려고 한다.

이 책은 세 부분으로 구성되어 있다. 1부 '커피가 시작되는 곳, 이디야'에서는 이디야 열풍을 진단하고 이디야의 탄생과정과 변화되어 온 모습을 통해 대한민국이 이디야에 빠지게 된 이유를 살펴보았다. 2부 '이디야가 펼치는 새로운 커피세계'는 커피 합리주의를 지향하는 이디야의 철학과 경영전략, 나눔경영의 현장을 소개한다. 3부 '커피사업을 처음 시작하는 사람들에게'에서는 커피 프랜차이즈 창업을 준비하는 사람들에 대한 조언과 이디야 브랜드가 갖는 신뢰와 힘에 대해 나름대로 정리해 보았다.

그 동안 책을 쓰기 위해 이디야커피를 취재하고 문창기 대표와 만나 이야기를 나누면서 필자는 나름대로 몇가지 해답을 얻었다. 먼저, 이디야는 새로운 아이디어와 창의적인 경영으로 커피시장에 새로운 활력을 불어넣었고, 많은 젊은이들에게 기회와 영감을 주고 있다. 또한 이디야커피는 각박한 현실 속에서 남다른 경영철학과 독특한 기업문화로 대한민국 커피업계를 선도하며 끊임없이 도전해가고 있다. 필자는 학생들을 가르치는 대학교수로서 이디야를 통해 이 시대의 젊은이들에게 삶을 살아가는 방식에 대한 긍정적인 사례를 보여주며 희망을 건네고 싶다. 토종 브랜드로서 대한민국 커피업계에 큰 반향을 일으키고 있는 '이디야커피'를 이 시대의 본보기로 널리 알리고 싶다.

이 자리를 빌어 바쁜 시간을 내서 많은 이야기를 들려준 문창기 대표에게 고마움을 전한다.

2014년 盛夏에

김 대 식

Contents

part 01

커피가
시작되는 곳,
이디야

커피의 기막힌 맛이여!
천 번의 키스보다 진하고 마스카트의 술보다 달콤하다.
결혼이 금지되고 바깥출입을 못할망정, 커피만은 끊을 수가 없다.

– 바흐

EDIYA COFFEE

이디야
열풍이
불다

커피홀릭 대한민국

길을 걷다 고개를 들고 주변을 한 번 둘러보라. 일일이 열거할 수 없을 정도로 많은 종류의 커피전문점들이 보인다. 건물이 있는 곳이라면 '반드시'라고 말해도 좋을 만큼 수많은 커피전문점들이 자리를 잡고 있다. '한 건물 건너 커피전문점'이라고 해도 과언이 아니라는 걸 실감할 수 있다.

최근 십 수 년 동안 손에 꼽을 수 없을 정도로 많은 커피전문점들이 문을 열고 있다. 유명 브랜드의 커피전문점뿐만 아니라 프랜차이즈에 가맹하지 않고 스스로 기획해서 창업한 커피전문점들도 있다. 이런 곳까지 합치면 커피전문점 수는 헤아릴 수 없을 만큼 많다.

이처럼 커피전문점들은 어느새 우리 생활 속 깊은 곳에 자리를 잡고 있다. 요즘 시대에 커피만큼 잘 팔리는 상품도 없을 것이다.

홍대거리나 강남역 부근 수많은 커피전문점을 보면 왜 이렇게 많은 사람들의 손에 커피가 들려있는지, 왜 이토록 많은 커피전문점들이 생겨나고 있는지 자연스럽게 의문이 생겨날 것이다.

필자가 어렸을 때는 커피전문점을 찾아 볼 수가 없었다. 커피는 우리에게 친숙한 음료가 아니었다. 우리는 식사를 마친 뒤 어머니가 주신 숭늉을 마시고 입가심을 했다. 사실 숭늉을 마시는 행위는 디저트를 먹는 것처럼 입가심을 해 삶의 질과 만족을 높이려는 게 아니었다. 숭늉은 물질적으로 풍족하지 못하던 시절에 식사에서는 채우기 어려운 포만감을 보충하기 위한 수단이었다.

생활이 풍족하게 된 요즘 숭늉문화는 사라졌다. 그리고 커피문화가 생겨났다. 커피전문점이 급증하면서 대학 강의실의 풍경도 달라지고 있다. 강의실에 들어오는 학생들의 손엔 자판기 커피나 캔커피 대신에 다양한 커피전문점의 로고로 장식된 테이크아웃컵이 들려 있었다.

한술 더 떠 수업을 마친 중·고교생들까지 커피전문점을 앞 다퉈 찾는다고 한다. 청소년들은 적립쿠폰을 들고 와 플랫치노를 먹으면서 기성세대들과는 다른 추억을 만들고 있다.

한시가 바쁜 젊은 직장인들에게는 테이크아웃 커피가 적합하다. 점심시간이 끝나갈 무렵 양복을 입은 한 무리의 직장인들이 커피전문점의 테이크아웃컵을 들고 일터로 돌아가는 모습을 흔히 볼 수 있다. 그들은 커피전문점에서 간단한 비즈니스 미팅을 하기도 한다. 매장에는 예전처럼 화려하거나 값비싼 커피 잔은 보이지 않는다. 그 대신 젊은 직장인들은 깔끔하고 실용적인 머그잔이나 종이컵에 커피를 담아 마시고 있다.

또 하나 커피전문점이 각광받는 이유가 있다면 커피가 기호식품이기 때문이다. 커피가 점심식사의 만족을 높이고 즐거움을 주고 있는 것이다. 이렇게 커피는 현대인의 삶에 완벽하게 자리를 잡고 있다.

이제는 커피를 마시고 만족하는 것에 머물지 않고 다양한 브랜드의 커피를 음미하는 즐거움까지 추구하고 있다. 커피 마시는 문화가 유행의 흐름에 민감한 현대인들에게 각광을 받고 있는 것이다.

이처럼 지금은 커피전문점 전성시대이다. 그러나 그 경쟁은 치열하다. 다양한 종류의 브랜드들이 론칭되고 있지만 이름을 기억하기도 전에 소멸되는 브랜드들도 있다. 실제로 손에 꼽을 정도로 적은 수의 브랜드만이 수익을 내고 있다.

이런 상황에서 업계에 조용히 떠오르는 브랜드가 있다. 이 회사는 한 발 한 발 시장을 점유해 나가더니 요즘은 급격한 성장세를 보여주고 있다. 이 회사는 바로 '이디야커피'이다. 가히 이디야 열풍이라고 할 만하다.

이디야커피는 어떤 회사일까. 그리고 치열한 커피전문점 시장에서 가맹점 수를 급격히 늘려가고 있는 이 회사의 경영자는 누구일까.

이디야가 일으킨 조용한 혁명

지금 우리는 전국 어디를 가도 파란색 바탕에 깔끔한 글씨체로 '이디야커피(EDIYA COFFEE)'라고 쓰인 간판을 쉽게 찾아볼 수 있다.

그러나 이디야커피가 처음부터 사람들의 눈과 마음에 각인됐던 건 아니다. 커피전문점 초창기만 해도 사람들은 '커피전문점'이라고 하면 '스타벅스'를 떠올렸다. 사람들은 스타벅스에서 카페라떼를 마시며 이야기를 나누거나 인터넷을 사용했고, 이곳에서 서류를 작성하거나 비즈니스 미팅을 했다.

스타벅스로 대표되는 외국계 브랜드는 국내 진출과 동시에 공격적인 홍보 전략을 펴 나갔다. 그 결과 그들은 국내시장을 거의 점령하다시피 했다. 그러나 국내시장은 스타벅스의 성공을 그저 바라만 보고 있지 않았다. 스타벅스의 성공을 목격한 대기업들이 커피전문점 사업에 뛰어들기 시작했다. 그러다 보니 어느새 커피전문점 시장은 포화상태가 되었고, 이제는 성숙단계를 지나 시장에서 조용히 사라지는 커피전문점들도 생겨나고 있다. 최근에는 미국계 커피브랜드 '커피빈'이 국내 최대의 자산운용회사인 미래에셋컨소시엄에 인수되기도 했다.

토종 브랜드인 이디야커피는 이런 추세와는 반대로 성장에 성장을 거듭하고 있다. 2013년 10월에는 브랜드 론칭 13년 만에 가맹점 1,000호를 돌파했다. 이 책이 출판된 2014년 7월에는 1,300호까지 가맹점을 늘렸으며, 2015년 3월에는 1,500호를 넘어섰다. 국내외 브랜드를 통틀어 커피전문점 브랜드 중 최초로 일궈낸 성과이다.

"미국의 스타벅스, 일본의 도토루, 캐나다의 팀홀튼처럼 대한민국을 대표할 수 있는 커피브랜드 이디야커피가 되겠다." 2013년 10월 1,000호 돌파 기자간담회에서 문창기 대표가 했던 말이 기억에 남는다. 어느새 대한민국 대표 커피브랜드로 굳건히 자리를 잡은 이 회사를 어떻게 봐야 할까.

이디야커피는 사실 지금까지 그다지 눈에 띄는 회사가 아니었다. 이 회사를 언급할 때는 항상 '조용하다'라는 단어를 쓰게 된다. 그러나 실상을 살펴보니 내실을 차근차근 다지면서 '조용한 혁명'을 일으키고 있었다. 그리고 바로 지금 이디야의 '조용한 혁명'은 업계를 강타하고 있다.

대부분의 외국 브랜드들은 자국 내에서의 성공 경험과 이를 바탕으로 한 자본, 그리고 글로벌 경영 노하우를 갖고 있다. 탄탄한 자금력을 갖고 있는 대기업의 지원을 받는 계열사도 많았다. 이디야는 성공 경험은 물론, 거대한 자본도 없었다. 이디야는 이런 회사들과 품종 자체가 달랐다.

그렇다면 이디야의 성공 원동력은 무엇일까. 그 해답을 얻기 위해 먼저 이디야의 탄생과 함께 '브랜드 커피전문점'이라는 문화가 유입되고 발전해 온 과정을 조목조목 살펴보도록 하겠다.

서울에서 만나는 뉴욕의 멋쟁이들

어렸을 때 부모님이 숨겨두신 믹스 커피를 몰래 마셨던 기억이 떠오른다. 손님이 찾아왔을 때 어머니께서 숨겨둔 인스턴트 커피봉지를 꺼내서 커피를 타던 풍경이 아직도 머릿속에 선명하다. 왜 커피를 숨겨 두었을까. 군것질거리가 부족하던 시절, 굶주린 아이들이 배를 채우기 위해 커피를 꺼내서 먹어버렸기 때문이다. 그러나 처음 마셔본 커피는 도로 뱉어낼 수밖에 없을 정도로 너무 썼다. 부드럽고 고소한 향과는 달리 배신감을 느끼게 하는 맛이었다. 어른들이 왜 커피를 마시는지 이해할 수 없었다. 그날 밤 잠이 오질 않아 잠자리를 뒤척이던 기억이 떠오른다.

외국 커피 브랜드들이 막 유입되기 시작했을 무렵, 처음 커피전문점을 찾았을 때 겪었던 재미있는 기억도 떠오른다. 필자는 커피전문점 메뉴판에 빼곡히 적힌 온갖 종류의 음료들을 보면서 커피를 고르지 못해 메뉴판 앞을 한참 동안 서성였다. 시험문제를 푸는 것처럼 고민을 거듭하던 필자는 앞 사람이 주문하는 메뉴를 따라서 주문에 성공했다. 그러나 그 앞에는 더 큰 난관이 기다리고 있었다. 어떤 사이즈를 고를지, 시럽은 넣을지, 휘핑을 올릴지 말지, 점원의 끊임없는 질문이 이어졌던 것이다.

어느새 우리는 커피전문점에 익숙해져 있어 능숙하게 다양한 종류의 커피를 주문할 수 있다. 커피전문점에서 맛있는 원두커피를 언제 어디서든 즐길 수 있는 것이다.

다시 과거로 돌아가 보자. 외국 커피 브랜드들은 20~30대 여성들 사이에서 유행하기 시작했다. 때마침 젊은 여성들의 지갑이 두툼해졌다. 젊은이들이 학업을 마치고 취업해서 스스로 돈을 버는 소비자가 된 것이다.

여기에 발을 맞춰 〈섹스앤더시티〉나 〈악마는 프라다를 입는다〉와 같이 젊은 여성들의 취향에 맞는 드라마 콘텐츠들이 대거 쏟아져 나왔다. 이들 콘텐츠의 주요 무대는 뉴욕이었다. 성공한 커리어우먼의 일상을 묘사한 영화나 드라마는 젊은이들에게 큰 반향을 불러일으켰다. 작품 속에 비춰진 뉴욕의 생활방식이나 풍경은 젊은이들의 마음을 뒤흔들었다.

젊은 여성들은 〈섹스앤더시티〉의 주인공인 캐리의 손에 들린 스타벅스 종이컵을 눈여겨 보았다. 또한 〈악마는 프라다를 입는다〉의 괴팍한 편집장인 미란다가 주문하는 스타벅스의 카페라떼와 아메리카노를 놓치지 않았다. 젊은 여성들은 이들의 모습에 자신을 투영하면서 자신의 생활방식 안으로 끌고 들어왔다.

뉴욕의 커리어우먼들은 식사는 저렴하게 하면서도 커피만큼은 비싼 스타벅스를 고집한다. 이들은 데이트 상대인 남자들까지 스타벅스로 끌어들였고, 곧이어 남자들 역시 테이크아웃 컵을 들고 다니는 것을 패션처럼 여기게 되었다. 그후 스타벅스 스타일을 표방하는 커피전문점들은 우후죽순으로 생겨나기 시작했다.

커피전문점은 더 이상 만남의 장소로 여기던 예전의 커피숍이 아니다. 현대인들에게 새로운 방식의 라이프스타일을 경험할 수 있게 하는 공간이 되었다. 무선 인터넷까지 설치되어 있어서 노트북이나 태블릿 PC 등을 마음껏 사용할 수 있다. 기획서나 리포트를 작성하고, 공동작업까지 할 수 있는 공간이 된 것이다.

커피전문점 초창기에는 카페라떼나 카라멜 마끼아또처럼 달콤하고 부드러운 메뉴들이 인기를 끌었다. 곧이어 에스프레소를 물에 희석한 아메리카노가 대중들의 사랑을 받게 되었다. 소비자들은 원두의 맛과 향이 커피의 질을 결정하는 가장 중요한 요소라는 걸 알게 된 것이다. 또한 고급스러움뿐 아니라 더 좋은 맛과 향 때문에 커피전문점에서 커피를 마시게 되었다. 미국 드라마에서나 볼 수 있던 뉴요커의 이미지를 모방하는 데서 벗어나 비로소 커피의 맛과 향을 즐기게 된 것이다.

필자 역시 그 무렵 자연스럽게 커피 맛을 알게 되었다. 커피의 쓴맛이 실은 달콤하고 고소한 맛이라는 사실을 깨달은 것이다. 어느새 설탕과 프리마가 첨가돼 있지 않은 원두커피도 맛있게 마실 수 있는 경지에 오르게 된 것이다.

커피전문점 시장은 지난 10여 년간 확대일로를 걸어왔다. 시장이 커지자 선도적 지위를 확보한 외국계 커피전문점 브랜드에 맞서 토종 브랜드들이 얼굴을 내밀기 시작했다. 할리스 커피, 롯데의 엔제리너스 커피, CJ의 투썸플레이스, 탐앤탐스 등이 외국계 브랜드의 마케팅과 경영방식을 벤치마킹하고 나섰다. 토종 브랜드들은 스타벅스처럼 테이크아웃과 셀프서비스를 기본으로 하면서 각자의 개성을 가미하려고 시도했다.

그러나 커피전문점들의 문제가 곧 불거졌다. 그건 비싼 가격이었다. 언론에서 그 점을 지적하자 사람들이 수군대기 시작했다. 다소간의 차이는 있었지만 커피전문점의 가격대는 4,000원에서 5,000원 사이였다. 커피 값이 한 끼 밥값 정도로 비싼 것이었다.

국내 커피 브랜드 최초 1,000호점 개설의 비결

이디야커피의 출발은 다른 커피전문점들과 조금 달랐다. 이디야 역시 스타벅스가 성공한 후 많은 브랜드들이 시장에 뛰어들던 시기에 떠오르기 시작했다. 중요한 건 이 회사가 스타벅스처럼 되려고 노력하지 않았다는 점이다. 다른 커피 브랜드들과 치열하게 경쟁하면서도 자세를 낮췄고, 대규모의 마케팅 비용을 투입해서 브랜드 이미지를 띄워 가격을 높이는 전략을 쓰지도 않았다. 소비자들이 부담 없는 가격으로 맛있는 커피를 마실 수 있게 하려고 노력했다. 이디야커피의 아메리카노는 타사 대비 평균 30~40%(현재 2,800원) 저렴하다.

소비자들은 이디야커피를 통해 원두 커피를 합리적인 가격으로 경험할 수 있었다. 점심시간에 카페에 오래 앉아 있을 수 없는 직장인들과 주머니 사정이 가벼운 학생들에게 먼저 다가갔다. 스타를 기용한 마케팅이나 TV광고 등의 홍보활동도 거의 하지 않았다. 차후에 설명하겠지만 이것이 오히려 이디야를 급성장시킨 이유가 되었다.

좋은 커피를 합리적인 가격으로 제공하고 신뢰를 쌓으면서 이디야는 소비자들의 마음을 사로잡을 수 있었다. 화려하고 고급스러운 홍보에 치중하지 않은 이디야만의 방식은 어떤 매체보다 훌륭한 홍보수단이 되었다.

2013년 10월, 이디야는 국내 커피 브랜드 최초로 1,000호점 개점을 달성했다. 이런 성과는 업계의 선구자 격인 스타벅스에게 돌아가지 않았다. 또한 스타를 내세워 화려한 마케팅이나 홍보 전략을 편 여타 국내 브랜드에게 돌아가지도 않았다. 묵묵히 합리적인 가격의 맛 좋은 커피를 제공하려고 노력한 이디야의 몫으로 돌아갔다. 막대한 자본과 글로벌 경영방식이라는 첨단 역량을 보유한 골리앗과 신생 토종 브랜드인 다윗의 싸움은 다윗의 승리로 귀결된 듯하다.

그런데 더 놀라운 일이 계속해서 일어나고 있다. 가맹점이 1,000개가 넘은 시점에도 새로운 가맹점이 속속 개설되고 있는 것이다. 2015년 3월에는 마침내 1,500개를 돌파했다. 이들 가맹점은 잠깐 개업했다가 사라지는 허수가 아니다. 신설 매장들은 대부분 충분히 이익을 내면서 결실을 맺고 있다.

어떤 브랜드들은 공격적인 마케팅으로 가맹점을 대거 오픈했다가 잇따르는 대규모 폐점으로 치명적인 손실을 입기도 한다. 이런 경우와는 무척 대조적이다. 이디야는 무모하게 가맹점을 늘리지 않았다. 신중에 신중을 기하면서 수익을 낼 수 있는 조건에 부합할 때 비로소 가맹점 개설을 승인해 주었다. 가맹점주도 반드시 수익을 낼 수 있도록 동반자적 입장에서 배려하는 것이다.

이쯤 되면 독자들도 국내 브랜드로서 자부심을 지키고 있는 이디야에 대해 남다른 호기심이 생겼을 것이다. 이디야의 경영방식은 무엇이 특별할까. 해외 브랜드, 국내 대기업과의 치열한 경쟁에서 어떻게 가맹점 1,000호점 최초 개설의 주인공이 되었을까.

이제 본격적으로 이디야만의 경영방식과 성공비결을 살펴보려고 한다.

가격과 품질,
두 마리 토끼를
잡다

합리적인 가격을 둘러싼 오해들

과연 값 비싼 커피가 질도 좋고 맛도 좋은 것일까? 앞서 지적했듯이 최근 한 끼 식사비에 맞먹는 커피 값에 불평을 쏟아내는 사람들이 많아졌다. 왜 이렇게 커피 값이 비싼지는 아무도 모른다. 그러나 언제부턴가 정신을 차리고 보니 커피 값은 한 끼 식사비에 버금갈 정도로 소비에서 차지하는 비중이 매우 높아졌다. 요즘 회사원들 사이에서는 값 비싼 테이크아웃 커피를 하루도 거르지 않고 마시는 사람들도 많다. 이들이 값 비싼 커피를 마시는 주된 고객이 된 이유는 무엇일까. 아마도 젊은 층의 소득수준이 높아졌기 때문이 아닌가 싶다. 그래서 막연하게 커피 값이 비싸다고 생각은 하면서도 커피전문점이 문전성시를 이루는 것이다.

하지만 달도 차면 기우는 법이다. 소비자들 마음에는 새록새록 의문이 싹터 왔다. 예전이라면 동전 몇 닢으로 가볍게 마실 수 있던 커피가 어떻게 점심 식사비와 맞먹을 정도로 비싸진 것일까. 전문점에서 파는 커피와 과거 다방에서 팔던 커피는 본질적으로 무엇이 다르길래 이렇게 비싼 것일까.

이런 의문과 함께 소비자들은 커피전문점의 커피 가격에 대해 의구심을 드러내기 시작했다. 소비자들은 이를 확인해 보자는 목소리를 높이고 있다. 최근에는 커피 가격에 거품이 많이 끼어있다는 언론 보도를 자주 접할 수 있다.

실제로 어느 방송사의 뉴스프로그램에서 국내 유명 커피 전문가들에게 자문을 받아 커피전문점들의 원두가격을 비교해 본 적이 있었다. 그 결과 가격과 품질이 반드시 비례하는 건 아니었다. 이 프로그램에서는 한국커피협회 회장, 압구정커피볶는집 대표를 비롯한 전문가들을 불러 블라인드 테스트를 실시했다. 대상은 커피전문점들 중에서 가장 인기가 있는 '스타벅스', '카페베네', '이디야', 그리고 최고급 브랜드인 '일리', '라바짜'였다. 전문가들은 원두의 모양과 냄새를 살핀 뒤, 뜨거운 물을 부어 부풀어 오르는 정도를 살피면서 신선도를 파악했다. 결과는 놀라웠다. 커피전문점들의 커피 가격은 2,000원대에서부터 5,000원대까지 두 배의 차이가 났다. 하지만 원두의 품질은 오히려 반대로 나타났다.

전문가들은 값이 비싸고 품질이 좋은 아라비카 품종을 쓰는 곳이 이디야라는 사실을 알아냈다. 반면 5,000원짜리 고급 커피의 원두는 저렴한 품종이 섞여 있어서 이디야의 커피보다 원가가 더 낮을 것으로 분석했다. 또 다른 4,000원짜리 커피에는 저렴한 브라질산 원두나 로부스타 원두가 많이 섞여 있었다. 가격은 5,000원짜리에 비해 낮았지만 저렴한 원두를 많이 섞었기 때문에 가격에 별반 차이가 없다고 입을 모았다.

반면 타사 대비 평균 30~40% 저렴한 가격의 이디야커피는 어떤가. 비싼 가격에 팔리고 있는 다른 브랜드 커피의 원두와 비했을 때, 신선도나 품질이 오히려 우수하다는 평가를 받았다.

합리적인 가격의 고급스러운 커피

이디야커피가 전문가들에게 좋은 평가를 받은 것에는 이유가 있다. 이디야는 고객들에게 질 좋은 커피를 합리적인 가격에 제공한다는 것을 핵심전략으로 세웠다. 이디야의 문창기 대표는 인터뷰에서 "질 좋은 원두로 만든 맛있는 커피는 영화 〈반지의 제왕〉에 나오는 '절대 반지'처럼 결코 포기할 수 없는 목표"라고 강조했다. 여기서 이디야가 지향하는 목표를 확실히 알 수 있다. 미디어 광고, 스타마케팅 등 고가의 마케팅이 앞세워지는 요즘, '맛'과 '질'을 최고의 가치로 여기는 원칙은 어쩌면 매우 특별한 일일 수 있다.

이러한 이디야의 원칙은 오래 지 않아 고객들의 호응과 지지를 얻기 시작했다. 2015년 3월, 한국소비자원과 연세대학교 경영연구소가 함께 실시한 국내 커피전문점 소비자 서비스만족도 조사 및 실태조사에서 종합 만족도 부문 1위를 차지한 것이다. 이디야커피를 비롯해 국내 대표 커피전문점 7개 업체에 대한 소비자 만족도 비교 조사로, 이디야커피는 종합 만족도 부문에서 5점 만점에 3.75점을 얻어 1위를 차지하는 쾌거를 거뒀다.

왜 이디야에
열광하는가

사랑하는 고객님,
진심으로 감사드립니다!

고객 여러분들의 뜨거운 사랑과 진심어린 성원에 힘입어
이디야커피가 한국소비자원 실시 **'커피전문점 소비자만족도 조사'**에서
종합 1위에 선정되었습니다.

고맙다며 진심으로 보내주신 **따스한 미소**,
잘 먹고 간다며 건네 주신 **감동의 말씀**.
그 모두가 모여 이번의 영광을 얻게 되었습니다.
바로 고객님께서 1위를 만들어 주셨습니다.

하지만 **부족한 부분을 더 채우겠습니다.**
더 맛있는 커피를 드리기 위해,
더 따뜻하고 친절한 서비스를 제공하기 위해
기본에서 다시 시작하는 이디야커피가 되겠습니다.
늘 노력하는 커피, 이디야가 되겠습니다.
진심으로 감사 드립니다.

(주)이디야 임직원 일동

EDIYA COFFEE

▲ '한국소비자원 실시 커피전문점 서비스만족도 종합 1위 선정' 소비자 감사 안내문

이디야에 앞서 시장을 선도해 온 회사들은 어떤가. 스타벅스 이후 시장에 진출한 커피 브랜드들 중에는 '커피와 함께 문화를 판다'는 슬로건을 내세운 회사들이 있었다. 이 회사들은 브랜드 가치를 높이는 것에 초점을 맞춰 시장을 점유해 나갔다. 커피 한 잔을 마시는 행위를 명품 구매행위와 유사한 것으로 유도해 나갔다. 이 같은 브랜드 이미지 구축에 들어가는 비용은 자연스럽게 커피 자체에 쓰이지 않고 분산되었다.

마땅히 커피를 위해 쓰여야 할 비용이 커피를 위해 쓰이지 않은 것이다. 그렇다면 과연 어디에 많은 비용이 사용되었을까. 브랜드 가치를 높이기 위해, 혹은 인테리어에, 또는 목 좋은 부동산 등에 쓰였다. 적정한 가격보다 더 높은 가격을 책정할 수밖에 없었던 것이다.

이는 곧 소비자들이 가격에 비해 질이 떨어지는 커피를 마셔야 한다는 것을 의미한다. 다른 말로 표현하면, 인테리어 비용이나 비싼 임차료를 줄인다면 좀 더 저렴한 가격에 좋은 커피를 마실 수 있다는 뜻이다.

요즘 소비자들은 예전에 비해 훨씬 더 많은 재정적 자유를 누린다. 이런 재정적 자유는 주변에 있는 축복의 요소들을 더 많이 탐험할 수 있게 기회를 준다. 그래서 좋아하는 커피를 더 맛있고 저렴하게 팔라고 요구하지 않는다. 다소 터무니없게 책정된 가격임에도 고가의 커피가 시장에서 잘 팔리고 있는 이유이다. 그러나 좀 더 시간이 흐른다면 어떻게 될까? 당연히 소비자들이 커피전문점의 가격에 불만을 갖게 될 것이다.

합리적인 가격에 '질 좋은 커피'를 마시는 것은 모든 소비자들의 바람이기도 하다. 사실 커피를 잘 모르는 소비자라면, 또는 커피를 자주 마시지 않는 소비자라면, 질 좋은 커피라는 말에 별다른 감흥을 느끼지 못할 것이다. 하지만 하루에도 몇 잔씩이나 커피를 마시는 사람이라면 질 좋은 커피가 무엇인지 금방 알아차린다. 질이 떨어지는 커피를 마시고 속이 쓰린 경험을 해본 소비자라면 질 좋은 커피라는 말에 귀가 솔깃해진다.

소비자들은 두 가지 중의 하나를 선택해야 한다. 화려한 인테리어로 치장된 커피전문점에서 비싼 가격에 커피를 마실 것인가. 아니면 인테리어는 소박하지만 합리적인 가격에 맛있는 커피를 마실 것인가. 단지 아쉬운 것은, 소비자들이 선택의 기로에 있을 때 이런 커피의 온전한 진실을 알지 못한다는 점이다.

소비자들은 이디야 역시 다른 커피전문점들과 다르지 않을 것으로 여겼다. 그래서 초기에는 이디야도 많은 어려움을 겪어야 했다. 만약 소비자들이 처음부터 이 회사의 방침을 들여다 볼 수 있었다면 어땠을까.

애초부터 이디야는 기존의 커피 브랜드들과는 많이 달랐다. 그 중에서도 가장 두드러진 것이 바로 가격 정책이었다. 이디야의 아메리카노는 다른 브랜드의 평균가격이 4,000원선임을 감안하면 30~40% 정도나 저렴하다. 앞서 블라인드 테스트 결과에 대해 언급한 것처럼 이디야의 커피는 가격은 저렴해도 질에서는 다른 어느 브랜드보다 우수하다.

실제 성공적인 회사들을 보면 결코 터무니없이 비싼 가격으로 제품이나 서비스를 제공하지 않는다.

일본에 있는 '요시노야'라는 규동(쇠고기 덮밥) 체인 회사를 예로 들 수 있다. 이 회사는 저명한 경영학자가 쓴《블루오션 전략》(김위찬, 르네 마보안 공저)이란 경영학 이론이 발표되기 훨씬 이전부터 가치경쟁으로 시장에서 우위를 점한 기업이다. 요시노야에서 음식을 먹어본 사람이라면 누구나 "가격은 저렴해도 맛이나 질은 전혀 떨어지지 않는다"고 말한다.

이 회사의 목표는 넉넉하지 않은 사람들에게 쇠고기를 저렴한 가격으로 마음껏 먹을 수 있게 한다는 것이었다. 요시노야는 어떻게 저렴한 가격에 질 좋은 쇠고기 덮밥을 팔 수 있을까. 요시노야의 목표처럼 규동이 돈 없고 가난한 사람들만이 찾는 음식일까. 전혀 그렇지 않다. 일본인이라면 누구라도 먹을 수 있는 한 끼 식사로 충분한 음식이다.

이디야 역시 가격은 합리적으로, 그러나 질 좋은 커피를 소비자들에게 공급하려는 목표를 확고하게 갖고 있다. 커피의 맛에 대해 타협하지 않으려고 한다. 오로지 최상의 커피를 제공하기 위해 노력할 뿐이다.

그 방편으로 이디야는 원재료 공급업체들 중에서도 국내 최고의 회사들과 선별적으로 협약을 맺었다. 국내 최고의 커피를 만드는 동서식품과 협약을 맺어 최고 품질의 원두를 공급받는다. 신선하고 맛있는 우유를 생산하는 매일유업도 10년 이상 거래를 하고 있다. 동원홈푸드, 팔도테크팩 등 기타 원부자재 업체들과도 오랫동안 긴밀한 협력관계를 유지하고 있다. 이렇게 이디야는 커피와 관련된 노하우가 풍부한 회사들과 오랜 기간 신뢰를 쌓아 오면서 최상의 원재료를 공급받을 수 있었다. 물론 이것만이 이디야커피가 질 좋은 커피를 제공할 수 있는 이유의 전부는 아니다.

누구나 운영할 수 있는 커피전문점 이디야

이디야는 소비자들에게 최상의 커피를 선사하기 위해 지난 2010년 국내 커피전문점 최초로 '이디야 커피연구소'를 설립했다. 원두의 선별에서부터 로스팅, 블렌딩까지 커피가 만들어지는 모든 과정을 세밀하게 들여다보려는 것이다. 그 결과 가장 맛있는 커피를 우려낼 수 있는 아라비카 원두를 선별할 수 있었다.

필자는 최근 시내에 일을 보러 나간 참에 이디야 매장에 들렀다. 일부러 이디야에서 커피 한 잔을 하자고 하면서 사람들을 끌고 들어갔다. 우리는 아메리카노와 카페라떼를 주문했다. 커피를 마시면서 자연스럽게 이디야에 관한 이야기가 화제에 올랐다. 함께 온 사람들도 의외로 이디야에 대해 자세히 알고 있었다. 한창 이디야에 대해 이야기하던 중 지인 중 한 분이 자신의 아내가 이디야 매장을 내고 싶어 한다고 말했다. 이유를 묻자, 그는 아내의 친인척이 이디야 매장을 하고 있다면서 이디야는 초기 창업비용이 저렴하지만 수익성은 어느 커피전문점보다 높다고 대답했다. 그리고 주부가 운영해도 좋을 만큼 관리체계가 단단하며 무엇보다 본사가 가맹점주를 최우선으로 배려하고 정직한 경영을 한다고 덧붙였다.

이디야는 막대한 자본을 바탕으로 설립된 회사가 아니다. 따라서 기존 브랜드와 똑같은 발상으로는 시장에서 살아남을 수 없었다. 다만 커피의 질이 좋으면 소비자들이 알아줄 것이라는 확신은 있었다. 이런 믿음을 바탕으로 기존 업체들이 활용하던 흔한 TV광고 한 번 내보내지 않았다. 매장을 개설하면서 발생하는 인테리어 비용과 홍보 비용을 줄였더니 자연히 아메리카노 값을 높게 책정할 필요가 없었다.

커피의 질을 높이면 고객이 올 것이라는 이디야의 확신은 맞아떨어졌다. 이제 고객들이 비싼 값을 지불하지 않으면서도 맛 좋은 커피를 마실 수 있는 이디야에 줄을 서는 이유를 알게 되었을 것이다.

이디야에서는 질 좋은 커피를 합리적인 가격에 마실 수 있다. 이런 이디야만의 장점은 입소문을 타고 알려졌고, 고객들은 알아서 이디야를 찾아오기 시작했다. 이디야 매장은 손님들로 문전성시를 이루었고, 본사 개발팀 상담실에는 예비 창업주들이 줄을 섰다. 이것이 비록 이디야가 신중한 절차를 통해 가맹점 개설을 승인하고 있음에도 불구하고 국내 커피전문점 최초로 1,000호점 개설에 이어 1,500호점을 오픈한 원동력이 되었다.

이디야의
탄생과
새로운 출발

금융전문가, 커피 사업에 뛰어들다

최고의 커피를 좋은 가격에 제공한다는 원칙 아래 까다로운 소비자의 입맛을 사로잡은 이디야커피는 2013년 10월 국내 커피전문점 최초로 1,000호를 돌파한 이래 대한민국 대표 커피 브랜드로 굳건히 자리 잡았다.

에티오피아 말로 이디야는 '대륙의 유일한 황제'라는 뜻이다. 이디야는 이제 대한민국 커피전문점 시장을 석권하고 진짜 황제가 됐다. 어쩌면 누군가는 '이디야' 브랜드를 이름 지을 때부터 지금 같은 찬란한 미래를 예상하고 있었을지도 모른다.

이디야커피는 문창기 대표가 설립한 회사는 아니다. 문 대표가 2004년에 인수한 회사이다. 증권회사에 다니던 그가 IPO(기업공개) 컨설팅 및 M&A 전문회사인 '유레카벤처스'를 설립한 뒤, 투자

처로 인수한 회사가 바로 이디야커피이다. 2001년 1호점인 중앙대점을 오픈하고 3년 뒤 100호점이 개설될 무렵이었다.

매각 의뢰가 들어왔을 때 문 대표는 이디야의 매출과 수익률, 그리고 가능성 등을 면밀히 분석해 보았다. 생각보다 상황은 나쁘지 않았고 성장 가능성도 있어 보였다. 왜 이렇게 가능성 있는 회사를 매각하려는지 문 대표는 이유를 알 수 없었다. 이를 궁금해하자 의뢰인은 문 대표에게 이디야를 직접 인수해 보는 게 어떻겠느냐고 제안을 했다.

문 대표는 당시 자신의 회사를 경영하고 있었다. 게다가 인수 제안을 받은 회사는 한 번도 경험해 보지 못한 커피 프랜차이즈라는 생소한 분야였다. 문 대표는 사양할 수밖에 없었다. 그러나 몇 번을 더 권유받자 호기심이 생겨나기 시작했다.

마침내 그는 남은 인생을 걸고 특별한 모험을 시도하기로 결정했다. 그리고 2004년 4월 문 대표는 새롭게 변모할 이디야를 이끌 리더로 나섰다.

이디야를 최종 인수하기까지 문 대표는 고민에 고민을 거듭했다. 이 부분이 조금 흥미롭다. 커피 프랜차이즈 회사를 경영하기에 얼핏 보면 그의 커리어가 전혀 어울려 보이지 않기 때문이다.

문 대표는 고려대학교 사회학과를 졸업한 뒤, 동화은행에 창립 원년 멤버로 입사했다. 그러나 1997년 IMF 여파로 10년 동안 다니던 동화은행이 문을 닫게 되었다. 그는 실직자가 되었다. 이후 삼성증권에 입사해 지점의 투신팀장으로 금융상품 영업을 담당하며 수천억 원의 수신고를 올리는 등 탁월한 실적으로 여러 차례 수상을 하기도 했다. 2001년에는 '유레카벤처스'를 설립해서 직접 운영했다.

이처럼 문 대표는 이디야 이전에는 줄곧 금융업계에서 커리어를 쌓았다. 한 번도 식품외식업계에 발을 들여놓은 적이 없었다. 식품외식업계에서 경험이 없다는 것은 문 대표에게 큰 단점이 될 수도 있었다. 그러나 그는 자신의 커리어를 잘 활용했다. 식품외식업계와 무관해 보이는 금융업계의 커리어를 살려 안정적으로 이디야를 이끌어갔다.

금융업계에서 커리어를 쌓은 문 대표의 안정적인 경영방식은 식품외식업계에서도 진가를 발휘하기 시작했다. 그가 커피전문점 시장에서 입지를 다지는 데까지는 그리 오랜 시간이 걸리지 않았다.

▲ 이디야커피 문창기 회장 이화여대 「시장경제세미나」 CEO 특강(2015.05, 이화여대)

현재보다 미래를 보는 눈

문 대표의 느닷없는 행보에 여전히 의문이 남는다. 금융전문가가 왜 커피 프랜차이즈에 뛰어들기로 결정한 것일까? 왜 하필 이디야커피였을까? 이런 의문에 문 대표는 이렇게 내답한다. "희망을 보았다."

문 대표가 이디야를 인수하게 된 가장 결정적인 이유는 희망 때문이었다. 희망의 대상은 다름 아닌 가맹점주들의 밝은 표정이었다. 이디야 본사 직원들을 대하는 점주들의 표정은 항상 밝았다.

매장 관리와 방침 전달을 위해 매월 이디야 본사 수퍼바이저들이 각 가맹점을 방문한다. 이때 본사와 가맹점 사이가 좋지 않으면 어떻겠는가? 아무래도 '무언가 트집을 잡으러 왔구나'라며 점주들의 안색이 달라질 것이다. 그러나 이디야의 가맹점주들은 본사 직원들을 그렇게 대하지 않았다. 반가운 친구를 맞이하는 것처럼 밝게 대했다. 본사 직원들의 태도는 또 어땠는가. 점주를 대하는 그들의 태도는 겸손했고, 점주들의 이야기에 귀 기울이는 모습은 진실해 보였다.

필자 역시 이디야의 성공 원인을 분석하려고 일부러 여러 매장에 들어가서 아메리카노를 주문해 보았다. 주문을 받고 커피를 내리는 동안 점주들은 잔잔한 미소를 입가에 머금고 있었고, 그들을 지켜보는 소비자인 필자도 마음이 아주 편해졌다.

이디야 인수를 고려할 당시, 문 대표도 점주의 밝은 미소에서 이디야의 희망찬 미래를 발견했다고 한다. 밝은 표정에서 점주들이 만족감을 느끼고 있다는 걸 알 수 있었다. 그것은 매장이 원활하게 운영되고 있다는 가장 확실한 증표였다.

문 대표는 프랜차이즈 사업에서 가장 중요한 건 가맹점 본사와 가맹점주의 관계라고 믿고 있었다. 이런 기본적인 관계에서 조금이라도 벗어나면 좋은 성과를 올릴 수 없다고 생각했다.

본사와 점주 사이가 나빠지는 원인은 간단하다. 서로 지향하는 바가 다르기 때문이다. 동병상련이나 역지사지의 심정으로 서로를 바라보지 않고, 이익에 관해 동상이몽을 한다면 항상 충돌이 일어날 수 있다. 이런 충돌은 인테리어 리뉴얼 강요, 마케팅 홍보 비용 강제 부담 등 점주보다는 본사 때문에 일어나는 경우가 더 많다.

본사는 재료 공급, 이미지, 인테리어, 고객응대 방식 등 체계화되고 통일된 방식을 가맹점에 전수하려고 한다. 그리고 이에 대한 대가로 로열티를 받는다. 그러나 각 가맹점은 입지도 다르고 운영자도 다르다. 점주 각자가 원하는 게 다르기 때문에 본사의 정책에 반발하는 점주도 더러 있을 수 있다.

본사와 가맹점주 각각의 의견은 대립되며 종종 갈등이 발생한다. 본사 입장에서는 자사의 브랜드를 사용하는 이상, 본사의 방식에 따라 운영하면서 통일되고 표준화된 서비스가 고객에게 제공되길 원한다. 사실 고객은 매장을 방문할 때 어느 매장을 갈지 따지지 않는다. 오히려 어떤 브랜드인지를 더 중시한다. 따라서 가맹점 매장에서 고객불만이나 문제가 발생하면 본사의 브랜드 이미지는 자연스럽게 떨어지게 된다.

본사에서는 자신들이 요구하는 방식이나 방침에서 벗어나는 가맹점이 있으면, 제재를 가하거나 계약을 철회하기도 한다. 본사에 대한 가맹점의 충성도도 낮아지는 건 당연한 결과이다.

이럴 때 영세 점주들은 어떻게 하겠는가. 그들은 본사의 요구를 울며 겨자 먹기 식으로 들어줘야 한다. 그리고 이런 일들이 사회적 관심을 받으면서 입에 오르내린 브랜드들은 이미지에 큰 타격을 입을 수밖에 없었다.

오늘날 시장에서 브랜드 이미지의 추락은 매출 하락으로 직결된다. 일단 문제가 발생하면 가맹점이나 본사 할 것 없이 큰 손실을 감당해야 한다. 가장 중요한 비즈니스 파트너인 본사와 가맹점의 상생협력이 이뤄지지 않는다는 것은 기업의 수명까지 단축시키는 치명타가 될 수 있다.

이런 측면에서 문 대표는 프랜차이즈 본사에 만족감을 나타내는 이디야 점주들의 모습에 깊은 인상을 받았다. 점주들에게서 희망을 본 것이다.

제품 판매든 구매든 전부 사람이 하는 일이다. 아무리 정교한 체계를 갖춰도 체계를 구성하는 것은 사람이다. 그 구성원들이 희망과 행복을 느낀다는 것은 무엇보다 중요하다.

만약 고객이 좋아하고 점주들이 만족하는 프랜차이즈 기업이 자신 앞에 매물로 나와 있다고 가정해 보자. 어떻게 할 것인가. 도전해 보지 않을 이유가 없지 않은가.

진심은 결국 통한다

문 대표는 금융전문가이며 냉철한 사고의 소유자이다. 동시에 '진심은 통한다'는 소신을 갖고 있다. 회사 인수라는 중대한 결정을 내릴 때, 그는 점주들의 표정을 살폈다. 자신과 함께 인생의 제2막을 이디야에서 시작할 점주들에게서 동질감을 느낄 수 있어야 했다. 성공을 기대하며 인생을 걸고 이디야와 인연을 맺은 점주들이 아닌가. 이들을 행복하게 하는 것은 자신에게 부여된 사명이었다. 이디야가 성공하지 못하면 자신뿐 아니라, 직원들과 점주들, 그리고 그들의 가족까지 모두 어려움에 빠질 것이다. 이런 생각을 마음에 깊이 새겼다.

돌다리도 두들겨보고 건너는 심정으로 숙고를 거듭하면서 그는 성공을 마음에 그릴 수 있었다. 금융전문가로서 냉철함을 유지하면서도 안정적이고 바르게 회사를 이끌어 갈 수 있기를 바랐다. 새로운 도전을 위해 첫 발을 내딛는 긴장의 순간이었다.

또 문 대표는 새로운 사업을 시작할 때 무엇보다 중요한 것은 열정이라고 생각했다. 열정은 항상 사람을 자극하고 무언가를 느끼게 한다. 자신의 마음의 소리를 들어보고 거기서 울리는 열정을 느껴야 한다. 문 대표 역시 새로운 도전을 앞에 두고 고민에 고민을 거듭하고 있었다. 하지만 그의 열정은 고민을 멈추고 이디야를 인수하라고 말하고 있었다.

10년 넘게 이디야를 이끌어 온 그의 발자취를 더듬어 보라. 어떤 자리보다 이디야의 최고 경영자로서의 위치가 잘 어울리지 않는가.

"퇴출 은행원, 서민들의 커피왕 되다." 이것은 2015년 3월, 1,500호를 기념하여 문 대표가 조선일보와 진행한 인터뷰(조선일보 WHY)의 타이틀이다. 이 인터뷰를 통해 우리는 문 대표가 지난 시간 동안 은행원에서 어떻게 성공한 커피 브랜드 CEO가 되었는지 잘 알 수 있다.

이디야가 문 대표를 만나 지금의 위치에 올라섰듯이, 그 역시 이디야를 앞에 두고 잠재되어 있던 열정을 깨웠다. 이런 열정에 더해 사람에 대한 '진심'이 문창기 리더십의 주축을 이룬다.

퇴출 은행원, 서민들의 커피王 되다

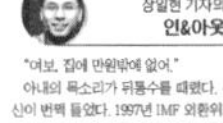

장일현 기자의
인&아웃

커피전문점 소비자 만족도 1위 '이디야' 문창기 대표

"여보, 집에 만원밖에 없어."

아내의 목소리가 뒤통수를 때렸다. 정신이 번쩍 들었다. 1997년 IMF 외환위기로 10년째 잘 다니던 동화은행이 망하고 난 후 그는 실업자가 됐다. 마른 하늘에 날벼락이었다. 그래도 내 한 몸, 내 가족 먹여 살리는 건 자신 있다고 생각했다. 하지만 백수가 된 지 6개월 만에 아내 입에서

나온 말은 그를 정신 차리게 했다. 당장 일자리를 찾아 나섰다.

그로부터 약 20년. 퇴출 은행 출신 실업자는 '커피왕'으로 변신했다. 커피 전문점 프랜차이즈 업체 이디야의 문창기(53) 대표 이야기다. 문 대표는 지난 2004년 이디야를 인수해 매장을 16배로 늘렸다. 인수 당시 매장이 80개였던 이디야는 10여년 만

에 국내 최다(最多) 가맹점을 보유한 커피 전문점으로 성장했다. 오는 30일 문을 여는 서울 봉천동 서울대중앙점은 이디야의 1500번째 매장이다. 1000호점을 오픈한 지 1년 5개월 만이다. 2위권은 1000호점 언저리에 있다. 업계에서는 전국의 커피전문점이 2만3000개 안팎인 것으로 보고 있다.

소비자들의 평가도 좋았다. 지난달 한국소비자원이 연매출 상위 7개 커피전문점에 대해 소비자 만족도를 조사한 결과 '중저가'를 표방하는 이디야커피는 종합 1위를 차지했다. 스타벅스와 커피빈 등 세계적 브랜드도 이디야 뒤에 줄을 서야 했다.

그는 나이 마흔이 될 때까지 커피 사업에 대해선 생각해본 적도 없는 사람이었다. IMF 외환위기로 하루아침에 실업자 신세가 됐고, 증권사를 거쳐 작은 투자자문사를 운영했다. 우연히 이디야를 만났다.

그때 봄 사무실에 평소 알고 지내던 사업가가 찾아왔다. 3년간 커피전문점 사업을 했는데 이제 한계가 온 것 같다고 했다. 그 말을 듣는 순간 인생의 새로운 승부가 막 시작되려 한다는 예감 같은 게 들었다. 그의 눈에 커피는 한참 더 성장할 수 있는 시장이었다. 그는 운명의 하루에 커피 6잔을 마신다고 했다. 아침에 일어나 음악을 틀고 갓 내린 커피를 마시며 하루를 시작했다. 그는 "빈속에 들어오는 커피의 온기가 온몸에 퍼지면 내가 살아있구나 하는 느낌을 받는다"며 "그래서 더욱 맛있는 커피를 만들어야겠다는 사명감 같은 걸 느낀다"고 말했다.

지난 20일 서울 역삼동 이디야커피 본사에서 문 대표를 만났다. 그는 이 인터뷰를 해야 할지 오랫동안 망설였다고 했다.

커피를 대신할 음료는 지구상에 없다

― 소비자 만족도 조사에서 1위를 한 건 큰 성과다. 1500호점 개점도 눈앞에 있다.

"우리 커피 자신 있다"
싸구려 커피점이라고?
매장은 비록 작지만
원두는 최고라 자부
블라인드 테스트 해보자

저렴한 가격은 '철칙'
임차료·인테리어 비용
최소한으로 줄여
커피값 낮춘 것
이건 꼭 지킬 거다

인터뷰에 응하는 걸 망설인 이유가 있나.

"요즘 경기가 안 좋다고 난리다. 특히 1~2월은 커피전문점 매상이 안 좋을 때다. 점주들은 힘들어 죽겠다는데 본사 회장이란 사람이 한가하게 언론 인터뷰나 하고 있다는 말을 들을까 걱정이 됐다. 점주들 사이에서 '정신 차려야지, 왜 저래 매장이나 한 번 더 와보자'라는 얘기가 나올까봐 부담스러웠다. 내견 점주들이 제일 중요하다."

― 소비자 만족도 조사에서 이디야가 종합 1위를 차지한 것은 여러 항목 중 '가격'에서 압도적인 점수를 받았기 때문이다. 이디야의 아메리카노 한 잔 가격은 2800원으로 다른 업체(3800~4500원)에 비해 싸다. 방값보다 비싼 커피 마시며 불편했던 소비자들의 마음을 읽은 것일까.

"분위기 좋은 데서 친구와 얘기하고 그곳에 책도 읽으면서 맛있는 커피를 마실 수 있다면 값이 좀 비싼 수 있다고 생각한다. 다만, 우리가 성장할 수 있었던 이유를 말하라면 거품을 뺐기 때문이라고 하겠다. 임차료와 인테리어 비용 등을 최소한으로 줄여 커피값을 낮췄다. 커피 시장이 팽창하면서 동시에 '값싸고 맛 좋은' 커피를 원하는 실속형 수요가 더 빠르게 커진 것과 맞아떨어졌다."

돈 블라인드 테스트(눈 가리고 맛을 평가하는 것) 할 용의가 있다. 우린 매장도 작고 실내 장식도 화려하지 않다. 그럴수록 원두로 승부를 걸어야 했다. 맛이 없다면 이 세계를 떠나야지. 원두에 대한 투자는 누구에게도 뒤지지 않는다. 국내 1위 커피 회사 동서식품이 원두를 볶아 우리한테 제공한다. 5년 전 국내 유일 커피연구소도 차렸다. 9개월에 한 번씩 새로운 맛을 내놓고 있다. 새 커피가 나올 때면 그렇게 행복할 수가 없다."

― 업계에서 잘나가는데 가격을 경쟁 업체에 맞춰 높일 생각은 없나.

"싸대책으로 저렴한 가격은 우리의 철칙이다. 이건 꼭 지킬 거다. 자부심을 갖고 있다. 그게 우리의 존재 이유다."

― 커피 시장이 포화됐다는 분석도 적지 않다.

"지난 10여년 동안 가장 많이 들은 얘기다. 1인당 국민 1인 세계 1위 룩셈부르크에선 한 사람이 1년에 28.4kg 정도 커피를 소비한다고 한다. 하루 아메리카노 10잔이다. 우린 1.8잔이다. 아직 성장 가능성이 크단 뜻이다. 요즘엔 40~50대 남성도 집의 테이크아웃 커피를 마시는 걸 흔히 볼 수 있다. 학생들은 우리 세대가 빵집 갔듯이 커피전문점을 찾는다. 커피 마시는 사람도 늘고 한 사람이 마시는 양도 늘어난다. 더군다나 전 세계적으로 커피를 대신할 음료는 존재하지 않는다."

― 새 매장 여는 속도가 대단하다. 도대체 몇 곳까지 갈 수 있다고 보나.

"파리바게뜨가 1500개가 됐을 때 '런칭났다, 더 이상 매장 낼 곳이 없다'고 했단다. 그런데 지금 3000개가 넘었다고 한다. 우린 확실한 장점이 있기 때문에 더 갈할 수 있다. 중소도시, 읍·면·동 구석구석이 다. 우린 작고 돈이 많이 들지 않으니까."

B2면에 계속

B3 꽃보다 아름다운 이웃
대인시장 '1000원 백반' 기적 이어갑니다

B4~5 명상음악
'삿갓가수' 김태곤이 젊어보이는 이유

▲ 이디야커피 문창기 회장 조선일보 WHY 인터뷰(2015.03.28, 조선일보 土日 섹션)

세상에서
가장 맛있는 커피를
위하여

인생을 풍요롭게 만드는 커피

우리는 휴식이 필요할 때 따끈하게 끓인 커피를 잔에 담아 안락한 의자에 앉는다. 일을 하느라 치열하게 하루를 보내는 와중에 커피 한 잔을 마시는 것은 축복이다. 요즘에는 '커피 브레이크'를 두는 직장들도 많다. 업무를 잠시 중단하고 커피를 마시며 머리를 식히는 시간을 갖는 것이다. 방금 잔에 담아낸 맛있는 커피를 마실 때, 커피의 풍미에서 전해지는 전율은 짧은 휴식을 더 알차게 만든다.

또한, 커피는 소통의 매개체이다. 우리는 가족, 연인, 친구들과 그윽한 커피 향을 맡으며 도란도란 이야기를 나누면서 관계를 형성한다. 또, 속상한 일이나 풀어야 할 갈등이 있을 때 상대방과 커피를 사이에 두고 천천히 이야기한다. 그러면 어느새 '갈등'이라는 단어는 멀어지고 상대방과 가까워져 있을 것이다. 소통, 배려, 경청, 공감 등의 가치가 커피 한 잔에 있다는 게 신기하지 않은가. 이게 바로 커피의 힘이다.

이처럼 커피는 사람의 인생을 풍요롭게 만든다. 그러나 커피전문점이 많아지면서 우리는 커피보다 커피전문점의 기능에 초점을 맞춘다. 그러나 중요한 건 커피가 갖고 있는 본연의 기능이다. 커피는 사람에게 잠시 동안이나마 마음 편히 휴식을 갖게 해주고, 사랑하는 사람들과 관계를 형성할 수 있으며, 갈등을 해소시켜줄 수 있는 기능을 갖고 있다. 맛있는 커피는 이렇게 아주 큰 힘을 발휘한다.

커피의 맛이 얼마나 중요한지 아는가. 지금까지 우리는 이런 당연한 명제를 잊고 살아왔다. 제사보다 젯밥에 더 관심이 가듯, 어떤 커피전문점들은 '커피의 맛'보다 '고급 인테리어'와 '인터넷이 가능한 카페'라는 것을 강조한다.

커피전문점이라면 '고급 인테리어'나 '인터넷' 보다 일단 '맛있는 커피'를 제공할 수 있어야 한다. 그래야만 커피전문점을 방문하는 고객들이 커피 한 잔에 마음 놓고 피로를 풀 수 있다. 더 나아가 커피전문점이 사람 냄새 가득한 공간으로 재탄생할 수 있다.

품질 제일주의 철학

문 대표는 '맛있는 커피'의 힘을 잘 이해하고 있는 커피프랜차이

▲ 이디야 커피연구소

왜 이디야에
열광하는가

즈 회사의 CEO이다. 그는 이디야를 인수한 후 온갖 노력을 기울여 원두의 질을 높이려고 머리를 싸맸다. 그 결과가 100% 아라비카 원두이다. 같은 100% 아라비카 원두라도 타 브랜드보다 질이 좋은 케냐, 과테말라, 코스타리카, 콜롬비아 산(産) 최고급 원두를 사용했다.

여기서 커피에 대해 조금 살펴보겠다. 어떤 석유 시굴업자가 "신은 석유만은 정말 끔찍한 곳에 묻으셨다"라고 탄식했다지만, 커피도 그에 못지 않다고 말할 수 있다. 커피는 적도를 기준으로 남북위 25도에 걸친 지역에 분포하는데, 남아메리카의 일부 지역을 제외하고는 대부분 도로로 연결되지 않는 고원지대나 오지에서 자란다. 커피나무는 온도와 날씨에 매우 민감한 작물이다. 날이 마냥 따뜻해도 안 되고 추워도 살지 못한다. 서늘한 밤 공기와 한낮의 뜨거운 열기가 번갈아가며 나무를 고통스럽게 할 때 비로소 맛있는 커피 열매가 맺는다. 이 때문에 커피나무가 자라는 지역은 적도를 중심으로 남위 25도부터 북위 25도까지로 한정된다. 세계적으로 가장 뜨거운 햇볕이 내리쬐는 곳이다. 지구 한 가운데를 벨트 모양으로 두른 이 지역을 '커피벨트'라고 한다. 이 커피벨트에서도 지형과 기후는 각기 다르다. 즉, 벨트 내에서도 커피나무의 생장이 가능한 환경에서만 커피를 재배할 수 있다.

커피나무는 총 3가지로 나눌 수 있다. 아라비카, 로부스터, 리베리카이다.

‘커피계의 귀족’이라 할 수 있는 품종이 바로 아라비카이다. 이 아라비카 종(種)은 해발 800미터 이상의 고지대에서만 자란다. 이 품종은 병충해에 약하고 일교차가 심한 기후에서 살 수 있기 때문에 재배가 까다롭다. 까다로운 만큼 맛이 좋아서 많은 사람들이 선호하는 품종이다. 전 세계에서 수확되는 커피 생두의 75%를 차지할 정도로 생산량도 많다. 또한, 아라비카는 고급 원두 커피의 원료로 사용되며 가격은 비싼 편이다. 최고의 커피 로스터들은 반드시 이 아라비카를 선호한다. 아라비카 커피는 바디감과 부드러운 밸런스가 뛰어나고 풍부한 향이 일품이기 때문이다.

로부스터 종은 해발 600미터 이하의 지역에서 자란다. 이 품종은 주변 환경에 거의 영향을 받지 않는다. 또 병충해에 대한 면역력도 강해 재배하기가 쉽다. 그 대신 맛과 향은 그다지 좋지 않다. 오래 전부터 인스턴트 커피믹스의 원료로 널리 애용되던 것이 이 로부스터 종이다.

리베리카는 아프리카 라이베리아가 원산지이다. 리베리카 종은 높이가 15미터에 달하며 열매도 크다. 로부스터처럼 저지대에서 재배한다. 병충해에는 강하지만 가뭄에 약해 현재는 거의 생산되지 않고 있다.

커피가 만들어지기까지

　외국 브랜드의 커피는 과연 토종 브랜드보다 맛있을까? 외국 브랜드의 본향인 미국이나 유럽은 커피를 마셔온 역사가 오래되었다. 오늘날 세계화된 커피 제조방식은 이들의 방식에서 비롯되었다. 그렇기 때문에 외국산 브랜드의 커피가 맛있을 것 같다는 고정관념도 생긴 것이다.

　그러나 외국 커피 브랜드를 신봉하는 게 올바른 것만은 아니다. 커피 애호가라면 아마도 외국산 브랜드의 커피가 '너무 늙었다'고 말할지도 모른다. 소고기를 고를 때 소의 월령을 따지는 것처럼 원두도 늙으면 맛이 떨어진다. 원두가 늙었다는 말은 대체 무슨 뜻인가?

　우리가 아는 갈색 원두는 커피 열매를 2단계에 걸쳐 가공한 것이다. 우선 아무런 공정을 거치지 않고 커피나무에서 수확한 열매를 '커피체리'라고 한다. 커피체리에서 붉은 과육을 제거하면 연한 황토색 씨앗이 나오는데, 이를 생두(Green Bean)라고 한다. 생두를 볶으면 갈색으로 변하면서 부풀어 오르고 기름이 스며 나온다. 비로소 우리가 마시는 커피를 내릴 수 있는 원두가 되는 것이다. 이 과정을 '로스팅'이라고 한다.

　여기서부터 문제가 생긴다. 로스팅이라는 공정이 끝나는 시점부터 원두는 빠르게 변질되기 시작한다. 온도와 습도, 공기 노출에 약하기 때문이다. 원두는 습기를 빨아들이는 성질이 있어서 습도가 높은 곳에 보관할 경우 곰팡이가 생긴다. 로스팅 과정에서 배어나온 유분 때문에 공기와 닿으면 세포를 손상시키는 활성산소도 생성된다. 현대의 최신 포장기술에도 불구하고 커피 원두의 산화작용을 막는 일은 불가능하다. 이런 산화작용은 커피에 악영향을 끼친다. 건강에 좋지 않을 뿐더러 향과 신선도까지 떨어뜨린다. 로스팅된 시점부터 원두가 제맛을 유지할 수 있는 시한은 1개월 이내이다. 이후에는 급속도로 산화되어 본래의 맛을 잃어버린다. 활성산소는 건강에도 좋지 않다. 전문가들의 조언에 따르면, 커피를 건강하게 마시기 위해서는 로스팅 후 2~3개월이 지난 원두는 사용하지 않는 것이 좋다.

해외에서 로스팅된 원두는 선박운송을 통해 국내로 들어온다. 그런 다음 본사의 물류창고에서 각 가맹점으로 유통된다. 이런 과정을 거쳐 한 잔의 커피로 소비자에게 팔리기까지 짧게는 한 달에서, 길게는 두세 달까지 소요된다. 너무 많은 시간이 지나 커피가 우리 손에 들어왔을 때는 이미 '맛의 시한'을 넘긴 것으로 볼 수 있다. 아무리 질 좋은 원두로 내린 커피라 해도 소용이 없다. 이렇게 너무 많은 시간이 걸려 만들어진 커피를 '늙었다고' 표현하는 것이다.

맛있는 이디야커피의 비밀

진짜로 맛있는 커피를 마시고 싶은가. 그렇다면 원두 가공공장이 어디에 있는지를 확인하라. 만약 공장이 해외에 있는 브랜드라면 그 커피는 이미 본래의 맛과 향을 잃어버렸을 수 있다. 단지 브랜드 이미지가 주는 플라시보 효과 때문에 맛있는 커피로 착각할 뿐이다.

이디야는 원두 가공공장이 없다. 생두를 최상의 원두로 가공하기 위해 직접 다루지 않는다. 그 대신 국내 최대 커피 기업인 동서식품과 협약을 맺어 원두가공을 맡기고 있다. 동서식품은 알다시피 국내에서 커피에 관한 한 역사가 가장 오래 된 회사이다.

원두 가공은 굉장히 민감한 공정이라 조금만 환경이 달라져도 맛이 크게 변한다. 특히 대량의 원두를 가공하면서 균일한 맛을 유지하는 것은 여간 까다로운 일이 아니다. 이디야는 제대로 가공할 기술이 없으면 손을 대지 않는 편이 낫다고 판단했다. 그 대신 국내에서 가장 오랜 경험을 갖고 있는 기업의 손을 빌리기로 했다.

하지만 더 좋은 원두를 만들기 위해서는 이디야만의 특화된 가공방식이 필요했다. 이디야는 지난 2010년 국내 커피전문점 최초로 커피연구소를 설립했다. '이디야 커피연구소'는 전문 인프라를 갖춘 인력과 시설을 기반으로 전 세계 원두를 연구하고, 이디야 원두를 업그레이드하기 위해 노력하고 있다. 또, 생두 선택, 블렌딩, 맛 구성 등 커피와 관련된 기본적인 연구를 수행한다. 이렇게 해서 지금의 '이디야 원두'가 탄생한 것이다.

이디야가 사용하는 원두는 다른 원두와 무엇이 다른가. 앞서 말한 품종의 차이도 눈에 띈다. 그러나 가장 결정적인 요인은 원두의 가공공정이다. 우선 이디야 커피연구소가 가공방식과 환경에 민감한 원두에서 최상의 맛을 이끌어내기 위해 최적화된 프로파일을 책정했고, 그 다음 국내 최상급 시설과 시스템을 갖춘 커피전문기업 동서식품에서 원두를 생산하는 것이 이디야 원두의 질이 좋은 비결이다.

커피 생두 자체는 특별한 맛이 없다. 최적화된 '블렌딩'과 '로스팅'을 거쳐야만 특징있고 맛있는 원두로 태어나 좋은 향기와 맛을 얻게 된다.

여러 산지에서 생산된 여러 종류의 원두를 섞는 작업을 '블렌딩'이라고 한다. 블렌딩은 산지별 커피의 부족한 점들을 보완하고 장점을 부각시키며 새로운 맛과 향을 창조한다. 블렌딩을 잘하기 위해서는 원산지별 커피의 특성을 제대로 알아야 하며, 고도의 기술과 숙련된 노하우가 필요하다. 이것이 블렌딩을 하나의 예술이라고 일컫는 이유이다.

이디야 커피연구소
EDIYA COFFEE LAB

▲ 이디야 커피연구소

'로스팅'은 생두에 8~20분 동안 180~250도로 가열해서 생두 속의 성분들이 화학적인 반응을 거쳐 커피 고유의 성질을 갖도록 하는 과정을 말한다. 로스팅 과정에서 생두는 부피가 커지고 카페인 성분이 배출된다. 그런 한편으로 커피의 맛과 향이 더 그윽해진다. 원두의 향기, 산미, 바디감, 뒷맛이 이 과정을 통해서 비로소 만들어진다.

로스팅은 원두를 볶은 정도를 가늠해서 최약배전부터 최강배전까지 8단계로 나뉜다. 단계에 따라 원두는 다양한 빛깔을 갖추고 여러 가지 맛과 향을 낸다. 이디야는 균일한 맛을 내기에는 까다롭지만, 에스프레소 고유의 맛을 낼 수 있는 중강배전으로 생두를 로스팅한다. 또한 이디야커피는 2014년 10월 커피연구소 주도 아래 원두 업그레이드를 진행했다. 기존 케냐, 코스타리카, 과테말라 원두에 최고급 원두로 평가 받고 있는 콜롬비아 원두를 추가한 것이다. 콜롬비아 원두는 입안에서 느껴지는 묵직한 바디감과 풍미를 향상시키고 커피 향의 여운이 오래 남는 특징이 있다. 고산 지대에서 소작농에 의해 재배되기 때문에 품질이 매우 좋고 감칠맛과 향미가 뛰어나다. 이것이 이디야 원두로 내린 커피의 맛이 풍부하고 향이 짙을 수밖에 없는 이유이다.

뚜벅뚜벅 한 길만 가는 품질 고집

이디야는 맛을 최우선 목표로 정했다. 이 목표에 따라 가공한 원두를 신속히 가맹점에 공급하려고 한다. 지금도 '로스팅 후 30일 내의 판매'라는 이디야의 원칙은 굳건히 지켜지고 있다.

인스턴트 커피믹스로 커피를 타는 방법을 모르는 사람은 없을 것이다. 봉지를 뜯어 컵에 내용물을 넣고 물을 붓기만 하면 된다. 초등학생도 할 수 있을 정도로 쉽다. 이렇게 간단한 방식의 커피믹스를 타는 데에도 사람에 따라 맛이 달라진다. 어떤 사람은 기가 막히게 맛있는 커피를 타지만, 또 어떤 사람은 정말로 맛없는 커피를 내온다.

원두 커피의 제조과정은 이보다 훨씬 더 복잡하다. 그러니 똑같은 원두를 사용해도 커피를 타는 사람에 따라 맛이 달라질 수밖에 없다. 레시피대로 정확히 제조하지 않으면 커피의 맛은 완전히 달라진다. 아무리 질이 좋은 원료를 들여오고, 최고의 방법으로 가공한 원두를 사용해도 소용이 없다.

이런 문제를 해결하기 위해 이디야는 본사 내에 '커피아카데미'를 설치했다. 이곳에서는 가맹점주와 아르바이트생을 대상으로 실제 매장에서 판매하는 메뉴 제조방법을 교육하고 있다.

막 가맹점을 개설한 초보 점주라면 연습할 때는 잘 만들어지던 커피가 실제 고객을 맞이해서는 잘 되지 않을 때가 있다. 고객이 기다린다는 긴장 속에서 자잘한 실수를 범하기 때문이다. 커피 아카데미에서는 초보 점주와 아르바이트생을 배려해 정규교육이 끝나면 가상의 실습을 한다. 본사에 마련된 카페테리아에서 본사 직원들에게 주문을 받고, 직접 메뉴를 만들어 전달하는 과정을 연습하게 한다.

어떤 행동을 오래 지속하다보면 노하우와 요령이 생긴다. 반대로 잘못된 습관이 굳어지기도 한다. 각 가맹점 현장에서도 충분히 그런 일이 일어날 수 있다. 그래서 가맹 초기에 정규교육을 철저히 하면서 정기적으로 전국 가맹점에 수퍼바이저를 파견한다. 수퍼바이저는 매장 상황을 파악하고 적절히 고객응대가 이뤄지는지, 음료의 제조 및 청결 상황은 지침대로 시행되고 있는지 등을 확인한다.

앞서 언급했듯이, 맛있는 커피를 만들기 위해 이디야는 2010년 5월에 '이디야커피연구소'를 설립했다. 커피전문점 회사로는 최초이다. 많은 커피전문점 회사들이 메뉴를 연구하는 팀을 두기는 한다. 그러나 연구소를 설치하는 경우는 드물다. 이렇듯 이디야는 맛좋은 커피를 개발하기 위해서라면 무슨 일이든 한다.

커피연구소에는 커피체리를 생두로 만드는 과정에서부터 로스팅과 블렌딩이 가능한 최신의 설비가 마련되어 있다. 연구팀은 국내의 내로라하는 커피 전문가들로 구성해서 수준 높은 연구를 한다. 이곳에서 생두에 대한 품질검사와 보관관리부터 샘플 로스팅 및 블렌딩까지 커피에 관한 다양한 연구들이 이뤄진다. 특히 전자동으로 시스템화된 200g의 원두상품 제조, 인스턴트커피 분석연구

▲ 이디야 스틱원두커피 '비니스트 미니'(2014년 5월 출시)

왜 이디야에
열광하는가

등 다방면으로 품질관리와 연구개발을 하고 있다.

커피연구소의 연구 결과에 힘입어 이디야는 매장 판매 커피 외에도 국내 커피전문점 최초로 스틱 원두 커피인 '비니스트 25'를 개발하는 성과를 거뒀다.

'비니스트 25(Bean1st 25)'는 최고 원두 전문가의 손을 거친 최상의 원두라는 뜻의 'Bean'과 '1st', '위도 25°'의 커피벨트에서 재배된 최상급 원두로 만들었다는 의미를 담고 있다. 거기에 국내 커피전문점에서의 첫 출시라는 1st를 포함했다. '비니스트 25'는 오리지널과 마일드 2종이 있다. 각각 콜롬비아 아라비카 원두와 에콰도르 아라비카 원두에 이디야의 원두를 블렌딩한 것이다. 이렇게 해서 원두 커피 특유의 향과 적절한 바디감을 구현한 프리미엄 스틱 원두 커피이다. 비니스트 25는 국내 커피 전문가 패널의 블라인드 테스트에서 타사 제품 대비 밸런스, 바디감, 향 등 다양한 부문에서 가장 우수하다는 평가를 받았다. 또한, 2014년 5월에는 비니스트 25를 한국인의 음용 습관에 맞게 보완한 '비니스트 미니'도 출시했다. '비니스트 미니'는 출시 한 달 만에 50만 스틱, 2014년 총 천만 스틱이 팔리며 소비자들의 큰 사랑을 받고 있다. 특히 2015년 3월에 실시된 국민일보 커피전문가 블라인드 테스트에서는 국내외 유수의 경쟁 브랜드들을 제치며 1위를 차지하기도 했다.

2015년 5월부터는 매달 프리미엄 원두를 한정 판매 하고 있다.

‘싱글 오리진(single origin)’ 원두 시리즈로 커피연구소에서 엄선한 최고급 원두만을 사용하여 직접 로스팅 해 판매하고 있는 것이다. 세계 3대 원두 중 하나인 ‘하와이안 코나 엑스트라 팬시’, 커피의 고향 에티오피아 커피 중에서도 가장 세련됐다는 ‘에티오피아 예가체프’, 신의 커피라 불리는 ‘파나마 에스메랄다 게이샤’ 등 매월 다른 종류와 콘셉트의 싱글 오리진 원두는 한정판으로 제작되어 콜렉터들에게도 소장하고픈 욕구를 불러일으키고 있다.

문 대표는 맛이 좋지 않으면 경쟁에서 우위를 점할 수 없다고 말한다. 우위는커녕 아마도 시장에서 밀려나고 말 것이다. 그는 이렇게 강조한다. “맛에 집착하는 것이야말로 커피전문점 시장에서 살아남는 유일한 비결이다.”

part 02

이디야가 펼치는
새로운
커피세계

악마의 음료라고 불리는 커피는 어떤 음료보다 맛있다.
모든 인간은 이 음료로부터 세례를 받는다.

— 교황 클레멘트 8세

EDIYA COFFEE

‘더하기’가
아닌
‘빼기’

‘헤이하치차야’의 사례

필자가 유학한 일본의 유서 깊은 도시인 교토에는 오랜 역사만큼이나 대대로 계승되어 온 가게들이 많다. 교토에서는 장사를 시작한 지 50년 된 곳은 ‘전통이 있다’고 명함도 내밀지 못한다. 개업 100주년을 넘긴 가게들이 수두룩하고, 저마다 고유의 전통을 유지하며 영업을 하고 있다. 수백 년 이상 된 식당과 상점들도 적지 않게 찾아볼 수 있다. 이런 가게에 들어서면 과거의 어느 시대로 되돌아온 듯한 환상을 일으킨다. 그만큼 전통의 방식과 정취를 잘 간직하고 있다. 관광객들이 교토를 찾는 이유도 이런 유서 깊은 가게에서 전통의 맛과 풍경을 음미할 수 있기 때문이다.

이렇게 많은 전통 음식점 중에서도 일본인뿐 아니라 외국 관광객들의 입맛까지 사로잡은 곳이 있다. ‘헤이하치차야’라는 여관 식당이다. 이곳은 1576년에 찻집으로 개업해서 1700년도 즈음부터

장어요리와 보리밥을 파는 식당으로 업종을 바꿨다고 한다. 식당이 무려 450년이라는 유구한 역사를 자랑한다. 사람들은 '헤이하치차야'에서 어떤 것을 원하고 무엇을 좋아하는 것일까. 500년 가까운 긴 세월 동안 이 식당은 어떻게 사람들의 마음을 사로잡을 수 있었을까.

처음 '헤이하치차야'를 찾은 사람들은 대부분 당황하게 된다. 먼저 가격에 놀란다. 정식코스 1인분에 20만 원이 훌쩍 넘기 때문이다. 두 번째는 상에 올라온 음식 때문이다. 접시 위에 생선회 3점, 매실장아찌 2개… 두세 번만 젓가락질을 하면 그릇이 텅 빌 정도로 음식의 양이 적다. 음식의 양은 푸짐해야 한다는 고정관념을 가진 사람에게는 감질맛만 돋우고 말 정도다. 그러나 이것이 오히려 사람들로 하여금 '헤이하치차야'를 찾게 하는 이유라고 한다.

접시 대부분이 훤히 드러나 보이게 음식을 조금 올려놓는 방식, 이것이 어떻게 '헤이하치차야'의 성공비결이 되었을까.

'헤이하치차야'는 음식을 먹는 손님의 마음을 배려한다고 한다. 사람은 양이 적을 수록 음식을 더 귀하게 여긴다. 그리고 양이 많은 음식보다 더 맛있게 먹는다.

양을 적게 내놓으면 고유의 빛깔과 모양을 내기도 쉽다. 또 접시에 올릴 때 식재료의 특성을 살리기도 쉽다. 여기에 더해 '헤이하치차야'의 요리사들은 '눈으로 먹는다'는 격언을 실현하려고 한다. 한 점의 회라도 윤기와 결, 먹음직스러운 모양을 살려 눈을 만족시키고 혀를 즐겁게 하는데 온 힘을 쏟는다.

소량의 음식을 여유롭게 음미한 손님은 다음에 나올 요리를 기대한다. 이곳에서는 '앞서 나온 음식이 너무 많아 정작 메인 요리는 다 먹을 수도 없었다'는 말은 나오지 않는다. "맛과 향에는 여백이 필요하다. 맛있는 음식을 조금씩 내주는 것이 마음에서 우러나는 진정한 접대이다." 좋은 음식을 조금씩 즐기면서 코스의 모든 요리를 맛있게 먹을 수 있게 손님을 배려하는 것이 '헤이하치차야'의 철학이다.

음식을 더하는 것이 아니라 덜어내는 것이 손님에 대한 진정한 배려의 발상이다. 요리에서 '빼기의 미학'을 실현한 결과 '헤이하치차야'는 450년의 전통을 이어올 수 있었다.

무언가 더하거나 보태야만 성공할 수 있다고 생각한다면 그것은 강박관념이다. '헤이하치차야'의 사례를 통해 덜어내는 것이 보태는 것보다 오히려 효과를 낸다는 사실을 알 수 있다.

김수욱 서울대 경영학과 교수도 "요즘 시대의 경쟁력은 '더하기'가 아닌 '빼기'에서 나온다"고 강조한다. 여러 가지 기능을 넣어 복잡하게 만든 상품에 대한 소비자들의 반발이다.

이미 가장 필요한 기능은 강화하고 다른 기능은 단순화시킨 미니멀리즘의 시대가 도래했다고 할 수 있다. 최근 전 세계를 휩쓸고 있는 애플의 아이패드, 페이스북이나 트위터와 같은 SNS, 구글 검색 사이트들도 김 교수의 주장을 뒷받침한다.

아이패드는 노트북에서 과감히 키보드를 뺐고 화면의 터치 기능을 강화해 키보드의 구실을 하게 했다. 그러자 마우스나 실물 키보드와 같은 입력 도구가 없어도 자유롭게 작업할 수 있게 되었다. 애플의 이런 '빼기' 방식은 IT시대의 새로운 출발점이 되었다.

페이스북과 트위터도 '빼기' 전략으로 성공한 사례이다. 사용법과 시스템을 간소화하고 타임라인 안에 한 눈에 모든 이슈를 알 수 있도록 짧은 글과 사진, 동영상만을 게재할 수 있게 한 것이다.

구글 또한 초기화면에 수많은 콘텐츠와 아이콘을 배치하지 않았다. 그 대신 회사 로고와 검색창만으로 포털사이트를 운영하고 있다. 그러나 구글은 현재 전 세계의 사람들이 애용하는 글로벌 사이트이다.

천천히 그리고 멀리 달리는 기업

이디야도 '빼기 전략'을 실행한 기업이다. 커피를 생산하는데 필요한 것을 제외하곤 다른 비용은 확 빼거나 줄였다. 전직 은행원답게 문 대표는 뺄 건 빼 가면서 효율적인 경영을 실천했다. 화려한 마케팅이나 좋은 입지, 고급 인테리어 등에 끌리지 않을 경영자는 없을 것이다. 그러나 이디야는 그런 곳에 최소한의 투자만 했다. 이런 항목에 투자하는 것도 물론 성장에 도움이 된다. 그러나 내실을 다지려고 한다면, 그런 부분에 대한 투자는 당연히 후순위에 둬야 한다. 그러면 당장의 성장 속도는 더딜 수 있어도 목표를 이룰 수 있을 정도의 지속적인 성장은 가능하다.

무엇이든 급하게 하려고 하면 역효과가 난다. 급속한 성장은 반드시 그에 따른 마이너스 효과를 초래한다. 이런 현상은 기업 경영에만 국한되지 않는다. 우리는 한 때 잘 나가던 회사들이 아무도 모르는 사이에 시장에서 자취를 감추는 모습을 종종 목격한다. 그럼에도 불구하고 일부 경영자들은 조바심을 낸다. 가능한 빨리, 그리고 무리해서라도 눈에 보이는 성과를 내려고 서두른다. 그 결과 무리한 투자와 조급함으로 인해 오히려 기업이 치명상을 입는다.

42.195킬로미터를 뛰어야 하는 마라톤을 100미터 달리기처럼 전속력으로 뛸 수 있을까. 아마도 그렇게 뛴다면 절반도 가지 못해 쓰러지고 말 것이다. 창업자들도 존속기한을 정해 두고 회사를 설립하지 않는다. 설립자 모두가 자신의 회사는 영향력 있는 기업으로 영원히 남아주길 바랄 것이다. 회사를 운영하는 것도 마라톤과 유사하다. 회사가 감당할 수 있는 속도로 달려야 한다. 물론 급성장을

열망하는 것은 나쁘지 않다. 하지만 너무 빨리 달리면 달릴 수 있는 거리는 그만큼 짧아진다. 이디야가 목 좋은 곳의 부동산이나 화려한 인테리어, 마케팅 등에 큰 비용을 쓰지 않는 이유이다. 장기적인 성공을 위해 이디야가 고수해 온 회사 차원의 전략이다.

부동산의 경우에는 두 가지의 방법으로 비용 절감을 실현했다.

첫째, 상권 중심부만을 고집하지 않았다. 매장 오픈을 하려는 창업 희망자들은 대개 상권의 중심부를 선호한다. 대부분의 커피전문점들도 왕래가 많은 대로변이나 상권 중심부에 매장을 열고 싶어 한다. 많은 사람이 왕래를 하는 만큼 더 많은 고객을 끌어올 수 있기 때문이다. 이는 불가피한 선택이다. 커피를 팔아 손익분기점을 넘기고 이익을 내기 위해서는 이런 상권에 매장을 오픈하는 것이 가장 이상적으로 보인다. 하지만 사람의 왕래가 많으면 임차료와 권리금도 그만큼 높아진다.

그렇기 때문에 이디야는 상권 중심부만을 고집하지 않고 서브 스트리트의 틈새시장으로도 눈길을 돌렸다. 이곳은 상권 중심부에 비해 이동하는 사람들이 적을 수 있다. 반면 임차료와 권리금은 훨씬 낮다. 그래서 상권 중심부보다 매출은 적어도 더 높은 수익을 낼 수 있다. 이처럼 이디야는 꼼꼼하게 상권을 분석하고 투자비용 대비 높은 수익을 낼 수 있는 이면도로에 많은 매장을 오픈했다.

딜로이트 컨설팅의 김경준 대표는 이디야의 경영방식에 대해 다음과 같이 분석한다.

"이디야의 전략은 큰 길에서 조금 떨어져 있다 해도 콘텐츠가 좋으면 충분히 고객이나 소비자들의 사랑과 관심을 받는다는 것을 보여줬다. 그런 의미에서 이디야는 전형적인 '오프-브로드웨이' 전략의 성공을 거둔 것이다."

여기서 잠시 '오프-브로드웨이' 전략에 대해 살펴보겠다. 뉴욕 타임스퀘어 주변의 브로드웨이에서는 수많은 연극이 공연된다. 세계의 연극과 뮤지컬의 흐름을 만들어내는 곳이기 때문에 세계의 수많은 팀들은 이곳에서 공연할 수 있기를 열망한다. 그러나 브로드웨이가 원하는 것은 흥행이 보장되는 공연뿐이다. 그렇다면 자금력이나 인지도가 부족해서 브로드웨이에 진출하지 못하는 공연들은 어떻게 될까. 그들은 브로드웨이에서 몇 블록 떨어진 곳에서 공연을 올린다. 그들을 '오프-브로드웨이'라고 한다. 이곳의 극장들은 객석 수가 브로드웨이의 절반도 되지 않는다. 그렇지만 개성과 예술성을 갖춘 훌륭한 공연이면 관람객들은 반드시 찾아온다. 김경준 대표의 말대로 이디야 역시 오프-브로드웨이 극장의 공연처럼 화려함보다는 내실을 추구한 것이다.

둘째, 매장의 넓이를 줄였다. 넓은 매장은 당연히 임차료도 비싸다. 그만큼 초기 투자비용이 많이 들어간다. 작은 매장은 임차료가 적은 대신 많은 인원을 수용할 수 없다. 이를 해결하기 위해 이디야

EDIYA COFFEE
이디야커피
서울대중앙점
이디야커피 1500호 서울대중앙점 OPEN
고객님이 주신 사랑, 보답하는 이디야가 되겠습니다!

EDIYA COFFEE
EDIYA COFFEE
이디야 커피

는 테이크아웃에 초점을 맞췄다. 그러자 매장이 작아도 많은 매출을 올리는 데는 아무런 문제가 없게 되었다.

작은 매장에는 적은 인력이 필요하다. 한 매장당 2~3명의 인원만 있으면 되니 자연스럽게 대형 매장을 운영할 때보다 인건비도 적게 든다. 여기에 더해 이디야는 가맹점주들에게 매장을 직접 운영할 것을 권유한다. 점주가 직접 운영하면 서비스의 질은 높아지는 반면, 인건비 지출은 줄어든다.

커피전문점 시장이 포화상태가 된 지금, 작은 매장의 장점은 또 다른 측면에서도 부각된다. 이디야는 1,500호점 개점을 달성했지만 가맹점 증가는 여전히 멈추지 않고 있다. 오히려 이전보다 더 빠른 기세로 늘어나고 있다. 10여 년 동안 느린 속도로 성장해 왔지만 체력을 길러온 덕분에 지금은 성장의 속도에 가속도가 붙고 있다.

대도시와는 달리 지방의 중소도시들은 건물 규모가 작다. 스타벅스와 같은 큰 매장이 들어서려면 아예 건물을 새로 지어야 하는 형편이다. 그러나 지방도시에 건물까지 지어가며 큰 매장을 개설해봤자 타산이 맞지 않는다. 인구밀도가 낮아 방문 고객이 적기 때문이다. 그런 점에서 볼 때 이디야의 작은 매장은 지방도시의 건물에 입점하기에도 안성맞춤이다. 이디야는 이런 이점을 살려 지속적으로 가맹점을 늘려가고 있다.

이디야는 최소한의 비용으로 이디야만의 분위기를 만들 수 있는 인테리어로 매장을 꾸민다. 게다가 테이크아웃에 초점을 맞추고 있기에 특별히 고가의 인테리어로 치장하지 않아도 된다. 이디야의 인테리어 비용은 경쟁사에 비해 저렴한 수준이다.

이디야는 홍보에도 큰 비용을 들이지 않는다. 독서 권장을 위한 '리딩 캠페인'이나 '이디야 뮤직 페스타', 문화 관련 프로모션 등이 전부라고 할 수 있다. 유명 탤런트나 가수를 동원한 스타 마케팅이나 TV 광고는 거의 하지 않는다.

인테리어나 마케팅 홍보 등에서 절감한 비용은 소비자들에게 합리적인 가격으로 질 좋은 커피를 제공하는 데 사용된다. 품질은 좋고 다른 커피전문점보다 평균 30~40%나 저렴한 '아메리카노'는 이디야의 상징이나 다름없다. '합리적인 가격에도 맛있는 커피'하면, 사람들은 단번에 이디야를 떠올린다.

'빼기' + '더하기'

업종은 다르지만 이디야와 같은 '빼기' 전략으로 성공한 회사가 있다. '에이치아이에스(HIS)'라는 할인항공권 회사이다. 이 회사는 할인항공권 시장의 개척자라고 할 수 있다. 일본에 할인항공권이 등장한 것은 자연스러운 현상이었다. 일본의 국적 항공사인 JAL이

2010년 1월에 파산 신청을 하고 법정관리에 들어갔다. 세계 최대 항공사 중의 하나인 JAL의 파산 신청은 전 세계 항공업계가 어떤 상황에 처해 있는지를 잘 보여주었다. 너무 비싼 항공권 가격과 방만해진 경영이 최대 항공사의 부실을 초래한 것이다. 이미 두각을 나타내고 있던 HIS는 이때부터 할인항공권 시장에서의 점유율을 급격히 높여 나갔다. 그리고 현재는 업계 1위 자리를 굳건히 지키고 있다.

HIS는 1980년에 '인터내셔널투어즈'라는 여행사로 시작했다. 당시 여행상품 시장은 대기업이 선점하고 있었다. 패키지투어와 같은 상품에는 막대한 인력과 자금이 소요된다. 따라서 이 분야에서 중소기업들은 경쟁력이 전혀 없었다.

한편 그 무렵은 해외여행객이 증가하던 시기로, 항공권 요금이 너무 비싸다는 불평이 늘고 있었다. 같은 노선이라도 외국에서 항공권을 구입하면 일본 국내의 절반 가격으로 살 수 있었기 때문이다.

여기에 주목하여 HIS는 부진에서 벗어날 방안을 모색했다. 먼저 여러 분야로 벌려놨던 사업 범위를 축소했다. 그런 다음 할인항공권 분야에만 집중하기로 했다. 외국에서 항공권을 값싸게 들여와서 일본 국내에서 판매하기도 했다.

HIS의 항공권은 타사보다 절반이나 저렴했다. 그러자 학생들을 중심으로 고객층이 늘기 시작하더니 얼마 뒤 항공권 분야에서 1위를 차지하게 되었다. 그후 간단한 패키지투어 상품을 출시하는 등 영역을 조금씩 확장해 나갔다. HIS는 '빼기'전략으로 시장에서 성공한 대표적인 사례이다.

우리 주변에는 '빼기'를 통해 더 나아질 것들이 많다. 당연하다고 여기던 것들도 다른 관점으로 바라볼 필요가 생겼다는 이야기이다. 효율적인 시스템과 비효율적인 시스템도 구별할 줄 알아야 한다. 거추장스러운 것들을 제거하면 집중해야 하는 더 중요한 일들이 더 많이 보이기 때문이다.

이디야의 매장들은 면적이 그다지 크지 않다. 그러나 잘 정돈되어 있어서 고객들이 편안함을 느낀다. 주문대와 탁자들도 소박하지만 항상 깔끔하게 배치되어 있다. 아르바이트생인 이디야 메이트들도 서비스 교육을 철저히 받아 밝고 친절하다. 고객들을 세심하게 배려하고 있는 점주들을 살펴보면, 그들이 이디야를 운영하는 것에 자부심을 느끼고 있음을 알 수 있다. 모든 점포가 효율적이고 자신감에 차 있다. 이렇듯 이디야는 주도면밀하게 낭비적 요소를 제거하고 중요한 것에 집중함으로써 완벽한 '빼기' 경영의 성공 모델로 거듭났다.

최근에는 이디야도 조금씩 방향을 바꾸려고 하고 있다. 수익성이나 브랜드 영향력 등을 충분히 고려해 매장 크기를 절대적 기준으로 두지 않고 유연하게 개점을 승인하기도 하는 것이다. 다양한 방

식으로 시장에서 성공을 거뒀고, 이를 바탕으로 큰 매장에서도 충분한 수익을 낼 수 있다는 판단 때문이다. 이제 이디야는 좀 더 다채로운 모습으로 고객을 만나고 싶어 한다. 성장과 성공에 걸맞는 옷을 입는 것도 중요하기 때문이다.

이디야의 수많은 가맹점들 중 어떤 곳은 여전히 테이크아웃에 집중하며 시간에 쫓기는 직장인들에게 맛있고 합리적인 가격의 커피를 제공한다. 또 어떤 곳은 넓은 매장 면적과 아늑한 인테리어를 통해 주머니가 가벼운 학생들에게 모임의 장소를 제공한다. 주변의 여건과 상황, 혹은 고객의 성향에 따라 '빼기'와 '더하기'를 적절히 사용하려는 것이다.

함께
성공하는
상생경영

구제역 파동이 준 교훈

이디야는 협력업체와 장기간에 걸쳐 신뢰관계를 쌓아왔다. 이디야커피가 합리적인 가격에 맛있는 커피를 고객에게 제공할 수 있는 또 다른 이유이다. 협력업체와 쌓아온 신뢰관계가 커피의 맛과 관련이 있다는 말은 너무 비약적이지 않느냐고 생각할지 모른다. 그러나 다음 몇몇 사례를 보면 모두 고개를 끄덕일 것이다.

2011년에는 구제역이 전 국토를 휩쓸고 지나갔다. 그로 인해 350만 마리의 가축들이 살처분되었다. 사상 초유의 사태였다. 당시 전국 대부분의 축산 농가들이 피해를 입었는데 소고기나 우유 공급 등 2차적인 피해도 치명적일 만큼 컸다. 특히 우유 사용이 많은 식음료 업계에도 큰 여파가 미쳤다. '우유파동'이라 부를 정도로 심각한 상황이었다. 물량이 부족해지자 국산 원유(原乳) 가격은 급등했다. 고급 원유 대신에 수입산 탈지유를 사용하는 업체가 생길 정도였다. 이 때문에 당시 우유를 함유한 유제품들은 대부분 맛과 질이 크게 떨어졌고 고객들의 입맛을 크게 실망시켰다.

이디야는 브랜드를 론칭할 당시부터 매일유업과 협력관계를 맺고 있다. 구제역이 발생했을 당시에도 매일유업에서 원유를 공급받고 있었다. 물량이 한정되어 있었기 때문에 우유를 필요로 하는 업체들은 좋은 원유를 공급받으려고 여기저기서 아우성을 쳤다.

그런 가운데에서도 이디야는 매일유업으로부터 신선한 원유를 중단 없이 공급받을 수 있었다. 당시 이디야의 가맹점 수는 약 500호에 육박했다. 그럼에도 모든 가맹점은 필요한 만큼의 고급 원유를 공급받을 수 있었다. 그 결과 천재지변만큼이나 불가항력적인 상황에서도 이디야는 고객과의 약속을 지킬 수 있었다.

이디야는 우유파동이라는 극단적인 상황에서도 제품의 질을 이전과 똑같이 유지할 수 있었다. 마치 다른 나라에서 일어난 일처럼 말이다. 매일유업과 쌓아온 신뢰가 없었더라면 이디야는 국난과도 같은 상황에서 매우 큰 어려움을 겪었을 것이다.

오래될수록 좋은 것이 있다

친구와 술은 오래 되어야 좋다고 한다. 이디야는 협력 업체와 신의를 위해 이 말을 오랫동안 명심하고 꾸준히 실천해 왔다.

　이디야는 다른 협력업체들과도 마찬가지로 신뢰를 최우선에 두고 거래한다. 예를 들어, 결제일은 정확히 지킨다. 당연한 일이 아니냐고 반문할지 모른다. 그러나 비즈니스 세계에서는 이렇듯 당연하다고 생각되는 일들이 자주 지켜지지 않는다. 실제로 회사를 경영하다 보면 결제일을 정확히 지키기 어려운 일들이 발생한다. 회사의 실적이 부진하거나 혹은 수금이 제때 이뤄지지 않는 경우들이 빈번하기 때문이다. 협력업체가 한두 군데가 아니라면 상황은 더욱 복잡해진다.

　이디야는 협력업체로부터 선물도 받지 않는다. 납품하는 업체들은 계약을 성사시키기 위해 또는 계약을 유지하기 위해 주문 업체에 선물이나 접대를 하려고 한다. 때로는 납품 계약을 체결하는데 결정적인 역할을 하는 직원들에게 과도한 선물을 안겨주기도 한다. 이디야는 이런 잘못된 방식이 관행으로 굳어지지 않도록 협력업체들로부터 오는 어떤 선물도 받지 않는 것을 사칙(社則)으로 규정하고 있다. 명절 때 들어오는 형식적인 선물도 모두 돌려보낸다. 거래처 직원들에게 식사 접대를 받지 않는 것도 철칙이다. 거래처 직원들과 식사를 할 일이 있으면 이디야 측에서 식사비를 지불해야 한다. 또한 명절 연휴를 앞두고는 정해진 결제일 전에 선결제를 해준다. 평소보다 지출이 많은 명절에 협력업체를 배려하는 것이다.

▲ 제2회 EDIYA COFFEE 프로암 골프대회(2014.07, 남부CC)

　지난 7월, 이디야 직원들은 포스(POS) 단말기 회사와 미팅을 했다. 그날도 이디야 직원을 예의를 갖춰 상대회사를 극진히 대접했다. 상대회사 직원은 그날 "일부 거래회사들이 거래상 지위를 남용해 소위 '갑'의 행세를 하는 경우가 있으나, 이디야는 우리를 진정한 파트너로서 존중해 준다. 예의 바를 뿐 아니라, 요구를 해올 때도 합리적 절차를 밟아서 해준다. 또한 이디야와 협업하여 진행한 프로그램 업그레이드는 우리의 노하우 개발과 POS 프로그램 발전에도 많은 도움이 되었다. 우리가 이디야에게 배워가는 것이 많다"라고 말했다.

또, 2013년에 이어 2014년 7월에도 협력업체 대표들을 초청해 프로암골프대회를 주최했다. 정기적으로 협력업체와 긴밀한 유대관계를 유지함으로써 그들과의 파트너십을 공고히 하려는 목적이었다.

이디야에는 갑이나 을이라는 개념이 존재하지 않는다. 협력업체는 신뢰를 바탕으로 한 이디야의 파트너들이다. 상생관계로 인식하는 것이다. 이디야는 이런 철학을 갖고 정직하게 상대를 배려하면서 신뢰를 쌓아 왔다. 이디야가 실천하는 파트너 관계는 대한민국 비즈니스계에 귀감이 되기에 충분하다.

이디야는 설립 초기부터 '합리적인 가격에 질 좋은 커피'라는 모토로 성장해 왔다. 협력업체들과는 공정하고 평등한 관계를 통해 신뢰를 쌓아왔다. 특히 점주를 배려하는 가맹점 정책으로 본사와 점주가 함께 이익을 내는 방향으로 나아갔다. 이런 방식은 매우 성공적이었다. 다음 장에 좀 더 자세히 설명하겠지만, 이제 이디야는 사회에 기여할 방법을 찾고 있다. 이디야의 '(가칭)이디야 드림 로스팅' 재단은 바로 그런 맥락에서 설립이 준비되고 있다. 많은 경영학자들이 성공한 기업에 사회적 책임을 요구한다. 이디야는 재단설립을 통해 고객, 가맹점주, 협력업체를 넘어 이 사회와 상생하는 기업이 되려고 한다.

커피를
사랑한다면
이디야처럼

독후감을 쓰는 이디야 직원들

문창기 대표가 월말에 꼭 빼먹지 않고 하는 일이 있다. 직원들이 e메일로 보내온 독후감을 읽는 일이다. 이디야의 모든 직원들은 독후감을 써서 월말에 문 대표에게 e메일를 보낸다. 회사에서 무슨 독후감 과제인가 하고 놀랄지 모른다. 하지만 이것은 '젊은이들이 일하고 싶어 하는 회사'로 손꼽는 이디야의 모습이다. 그런데 특이한 것은 문 대표가 직원들이 써온 독후감을 읽어보고 '빨간펜 선생님'처럼 일일이 답변을 해 준다는 점이다. 처음 독후감 과제를 제출하라고 했을 때 직원들의 반응은 당황스럽다는 표정이 역력했다. "사장님 독후감 쓰기가 싫어요." "아이들도 아닌데…… 꼭 써야 해요?"

독후감 과제는 8년 이상 해 온 이디야만의 간판 사원개발 프로그램이다. 바쁜 와중에도 문 대표가 독후감 과제를 내고 하나하나 답변을 달아 주는 이유가 있다. 자신이 독서의 중요성을 잘 알고 있기 때문이다.

이디야커피를 인수했을 당시 문 대표는 혼신을 다해 회사를 이끌었지만 노력한 만큼의 성과는 곧 나타나지 않았다. 그는 슬럼프에 빠지고 말았다. 이를 극복하려고 온갖 궁리를 했지만 돌파구가 보이지 않았다. 그러던 어느 날, 문 대표는 무작정 거리를 배회하고 있었다. 우연히 그의 눈에 서점이 들어왔다. 그는 무언가 이끌려 자신도 모르게 서점 안으로 들어갔다. 그날 문 대표는 그 서점에서 인문 사회, 문화, 과학, 역사 등 장르를 가리지 않고 50여 권의 책을 사왔다. 그런 다음 몇 날 며칠을 일도 제쳐두고 은둔자처럼 책을 읽었다.

그가 읽은 책들 중에는 경영 서적도 많았다. 그 책들은 공통적으로 경영전략이나 경영성과 관리에 관한 내용을 다루고 있었다. 그는 독서를 통해 경영의 달인이 되지도, 이디야를 업계 최고의 기업으로 성장시킬 묘안도 찾아내지 못했다. 다만 아주 작은 깨달음 하나를 얻게 됐을 뿐이다. 그가 읽은 경영 서적의 핵심은 하나로 귀결됐다.

'내부 고객이 만족해야 회사가 성장할 수 있다.'

그는 그렇게 마음을 고쳐먹었다. 마음을 고쳐먹었다기보다는 알고 있었지만 실천하지 못했던 것을 마음에 다시 새겼다. 달라진 마음과 새로운 결심으로 이디야 함선의 키를 잡자 세상은 달라 보이기 시작했다. 망망대해와 같던 시장에서 길이 보이기 시작했다. '시작이 반'이라는 말처럼 마음을 새롭게 먹자 사업도 풀리기 시작했다. 물론 문 대표의 이 작은 깨달음은 여전히 미완성인 상태였다.

아는 것 자체는 어렵지 않다. 오히려 아는 것을 실천하는 것이 더욱 어렵다. 깨달음은 행동으로 옮겨야 비로소 완성된다. 행동으로 옮기기까지 우리들 앞에는 얼마나 많은 핑계와 변명들이 놓여 있는가. 또 엄중한 현실의 벽도 무시할 수 없다. 하지만 성공한 사람들은 언제나 이 도전들을 극복해 왔다.

그때부터 그는 직원들이 만족하며 근무할 환경을 만들어주려고 애를 썼다. 지금보다 매출도 적고 상황도 안 좋았지만 문 대표는 직원들이 야근을 한 뒤 늦은 밤에 귀가하는 날이면 직원들의 손에 택시비를 쥐어주었다. 이때 시작된 야근 교통비 지급은 지금까지도 이어져온다. 회식도 예외는 아니어서 전체 회식을 하는 날이면 직원 전원에게 교통비를 지급한다.

뿐만 아니다. 다른 건 몰라도 먹는 것은 잘 먹어야 한다는 것이 문 대표의 지론이었다. 이에 따라 초창기부터 점심 식대를 제공해 왔고 현재는 아침과 저녁 식사까지 제공하고 있다.

지금 이디야에 갓 입사한 직원들에게는 이런 복지가 굉장히 당연하게 여겨질 수도 있다. 어쩌면 생색을 낸다고 생각할 수도 있을 것이다. 하지만 잘 생각해 보자. 교통비나 식대 등은 직원들에게 굳이 지급해야 할 의무가 없는 것들이다. 게다가 당시는 회사 형편이 넉넉지 않은 상황이었다. 경영자로서 큰 결심이 아니고서는 할 수 없는 일이었다.

그는 직원들을 독려할 때마다 말했다. "조금만 더 고생하자. 회사가 더 크면 업계에서 가장 많은 월급을 받게 해줄게." 계약서 한 장 없이 말로 한 약속이었다. 직원들은 그 말을 기분 좋게 듣고 넘겼을 것이다. 그 말의 무게는 문 대표 혼자 짊어졌다. 그리고 지금 이디야의 직원들은 업계에서 최고로 많은 연봉을 받으며 일하고 있다.

그후로 여러 차례 고비가 더 있었다. 하지만 그때마다 극복할 수 있도록 도왔던 것은 독서로부터 얻은 힘이었다. 어느새 문 대표는 독서 애호가가 되어 있었고 이렇게 좋은 걸 자신만 알고 있어서는 안 되겠다고 느꼈다. 독서의 힘을 사원들에게 알리기로 한 것이다. 경영자인 자신을 비롯한 모든 직원들이 독서에 빠지자 이디야는 어떤 회사보다도 강력한 추진력을 얻게 되었다.

사람은 책을 만들고 책은 사람을 만든다

사업이 궤도에 오르자 문 대표는 목표를 더 구체적으로 세워 나갔다. 가족 이상으로 소중하게 생각하는 사원들을 행복하게 해주고 싶었고 모두가 유능한 사원으로 성장하길 바랐다. 목표를 구체적으로 세우고 그 답을 책에서 찾기 위해, 그는 독서를 기업문화로 정착시켜 나갔다.

우리 민족의 위대한 스승인 세종대왕이 독서광이었다는 사실을 아는가? 그는 밤낮을 가리지 않고 책을 읽었다고 한다. 해가 뜨지도 않은 새벽에도, 수라를 받은 상태에서도 책에서 눈을 떼지 않았다. 또한 국정을 펼치면서 어려움을 겪을 때마다 책에서 답을 찾고자 했다. 세종대왕은 몸에 병이 나도록 책을 읽고 또 읽었다. 읽고 나서는 또 반복해서 읽었다. 하지만 '읽기는 다 읽었는데 또 읽고 싶다'며 늘 아쉬움을 표시했다고 한다.

아버지 태종은 이런 세종의 모습을 보며 걱정했다. 그래서 세종에게 이렇게 말했다. "과거를 보는 선비라면 그렇게 공부를 해야겠지만 어찌 임금이 그토록 힘들게 책을 읽으려 하느냐?" 세종대왕이 얼마나 책을 사랑한 인물인지 잘 알 수 있는 대목이다.

다른 나라에도 독서의 힘과 중요성을 알고 독서를 통해 인생을 변화시킨 사람들의 이야기가 많다. 일례로 미국에서 가장 성공한 여성이자 토크쇼의 여왕으로 칭송받는 오프라 윈프리가 있다. 그녀 역시 독서를 통해 영감을 얻고 어린 시절의 상처를 치유할 수 있었다. 윈프리는 주변의 성적 학대와 끊임없는 괴롭힘 속에서 불우한 유년시절을 보냈다. 14살 때 아이를 출산해 미혼모가 되었고 2주 후에 그 아이가 죽는 것을 지켜보아야 했다. 이후 마악을 탐닉하고 비만과 정신적 고통에 시달렸다. 그런 와중에도 1주일에 꼭 책 한 권씩을 읽었다. 그리고 독서 후에는 반드시 독후감을 썼다. 그녀는 독서에 대해 다음과 같이 말했다.

"책은 인생에 수많은 가능성이 있다는 걸 보여줍니다. 이 세상에 저와 똑같은 사람들이 많이 있다는 것도 알게 해 주었죠. 선망하는 사람을 우러러 보기만 할 게 아니라 나도 그 자리에 오를 수 있다는 사실을 깨닫게 해 주었구요. 독서는 나에게 살아갈 희망을 주었고 희망으로 가는 열린 문이었습니다."

잘 알려진 격언 중에 '사람은 책을 만들고 책은 사람을 만든다'는 말이 있다. 한 사람을 회사에 필요한 인재로 육성하는 데에는 막대한 비용과 시간이 소요된다. 이디야는 독서의 힘을 통해서 사원을 육성하기로 했다.

문 대표는 이디야의 모든 직원들에게 e메일을 통해 매월말 독후감을 1개씩 꼭 제출해야 한다는 '강제성'을 부여했다. 이 원칙 외에 다른 조건은 붙이지 않았다. 도서 선정이나 독후감의 내용과 분량에도 제한을 두지 않았다. 업무가 바쁘고 시간이 부족할 땐 목차만 적어서 제출해도 된다. 지금도 독서를 어려워하는 사원들이 있지만 독후감을 제출하지 않는 경우는 없다. 이렇게 모든 직원들이 조금씩 독서의 중요함을 체득하면서 책을 읽는 습관을 들여가고 있다.

독후감 과제는 생각하지도 못한 곳에서 효과가 났다. 문 대표가 사내에서 가장 강조하는 것 중의 하나가 수평적인 조직문화이다. 그런데 독후감 과제가 소통의 창구가 되어 자신이 바라던 조직문화 구축에 톡톡히 역할을 한 것이다. 직원들은 처음에는 문 대표의 e메일로 독후감만 써서 보냈다. 하지만 시간이 흐르자 제품이나 마케팅에 대한 아이디어도 내놓기 시작했다. 어떤 때는 소개팅 일화나 가족 경조사 등 직원의 개인 사정을 알게 되기도 해서 격려와 함께 더 친밀한 대화도 나눌 수 있었다. 직접 직원들을 대하면서 언제부턴가 소통을 막는 벽이 사라졌다. 그러자 직원 한 명 한 명이 회사에 더 많은 애정을 갖게 된 것은 말할 필요도 없는 일이 되었다.

독후감을 통해 사원들을 더 많이 알게 되자 문 대표는 업무 효율을 높일 수 있는 환경이 부서별로 다르다는 걸 깨달았다. 그래서 이디야가 단독 건물로 사옥을 이전했을 때는 각 부서의 특성에 맞게 사무실을 리모델링했다. 디자인팀 같은 경우에는 음악을 들으며 작업할 수 있도록 외부와 차단된 사무실을 만들었다. 무미건조한 사무실 분위기에서 독창적인 아이디어를 내기 어렵기 때문이다.

잘 놀고 즐기는 직원들

문 대표는 '정(正)·애(愛)·락(樂)'을 사훈처럼 강조하며 이디야만의 기업 문화를 만들어가고 있다. '정애락 문화'는 '기본을 지키는 정직한 기업(正), 사람을 사랑하는 따뜻한 기업(愛), 신나고 행복힌 즐거운 기업(樂)'을 의미한다. 어느 기업에서나 볼 수 있는 평범한 표어는 아니다.

그는 이런 경영철학을 고객과 가맹점, 협력업체에게만 적용하는 게 아니라 회사 내부의 고객인 사원들에게도 똑같이 적용해야 한다고 생각했다. '내부 고객의 만족 없이 회사 발전은 없다'는 깨달음을 사내의 문화로 확립한 것이다. 이디야를 임직원들이 아침에 출근하고 싶은 회사로 만들겠다는 것이다.

이디야의 사내 문화에 주로 해당되는 것은 '락'이다. '락'에 해당하는 행복하고 즐거운 회사를 만들기 위해 이디야는 매년 3대 이벤트를 실시하고 있다. 봄에 떠나는 해외 워크숍과 가을 야유회, 연말에 하는 송년회이다. 수평적인 조직문화를 지향하는 이디야답게 임원들과 직원들이 한데 어울려 달리기 시합도 하고 닭싸움도 한다. 가을 야유회의 장기자랑에서는 사원들이 얼마나 정열적으로 '락(樂)'을 실행하는지 확인할 수 있다. 이디야 직원들은 한 마디로 '잘 논다.' 노래는 물론이고 춤과 악기 연주, 콩트까지 잘 한다. 겉만 보면 커피 회사인지 엔터테인먼트 회사인지 헷갈릴 지도 모른다. 채용

▲ 이디야커피 가을 야유회(2013.10, 제주도)

▲ 이디야커피 가을 야유회(2011.10, 태안)

▲ 이디야커피 가을 야유회(2013.10, 제주도)

면접 시에 지원자의 끼를 보고 선발하는 것은 아니다. 그러나 이 회사를 다니다 보면 그렇게 된다.

많은 기업들이 사원들로 하여금 각자의 정체성을 버리기를 원한다. 최고의 역량을 갖춘 직원들을 뽑아 놓고 그저 지시받은 업무에 충실한 사람이 되길 희망한다. 회사의 개인들이 아닌 회사 자체만 스포트라이트를 받길 원하는 것이다. 하지만 이디야는 '잘 노는 직원', '즐기는 직원'이 될 수 있도록 육성한다. 직원들이 '잘 놀고 즐기는' 만큼 애사심과 충성도도 높다.

직원이 행복한 기업을 위해

3대 이벤트 중에서 이디야가 가장 자랑하는 것은 전 직원이 함께 떠나는 해외 워크숍이다. 물론 해외 진출을 위한 시장조사와 조별 과제도 병행되지만, 이디야의 해외 워크숍은 회사와 직원들의 노고에 보답하고 재충전의 기회를 주기 위해 갖는 중요한 연례 행사다. 이디야는 이런 목적에 충실하기 위해 기존의 여행상품은 거들떠보지도 않는다. 대신 여행사에 위탁해서 이디야만의 맞춤식 일정을 새롭게 짠다. 예산이 더 들어도 이왕 가는 김에 신나고 즐겁게 놀다 와야 한다는 것이 문 대표의 생각이다. 이 특별한 워크숍은 2009년 일본을 시작으로 2010년 중국 북경, 2011년 홍콩/마카오, 2012년 대만, 2013년 태국, 2014년 중국 상해, 2015년 홍콩/마카오까지 매년 실시되고 있다. 2016년에는 전직원이 미국 시애틀로 떠날 예정이다.

막대한 비용이 들어가는 이 여행 이벤트는 어떻게 시작된 것일까.

2004년에 이디야를 인수한 문 대표가 사무실로 첫 출근을 했다. 그는 이 자리에서 모두가 힘을 합쳐 회사를 키워 5년 뒤에는 전직원이 매년 해외여행을 가자고 제안했다. 직원들은 대수롭지 않게 여겼다. 하지만 문 대표는 정확히 5년 후에 약속을 지켰다. 상승가도에 있긴 했지만 이제 갓 궤도에 오른 회사가 전 직원을 데리고 해외여행을 간다는 것은 만만치 않은 일이었다. 사실 회사의 정책도

▲ 이디야커피 해외 워크숍(2015.05, 홍콩/마카오)

아니었기 때문에 꼭 지키지 않아도 문제가 되지 않을 터였다. 그러나 문 대표는 약속을 지켰다. 아무도 기억하지 못하는 약속을 문 대표 혼자 기억하고 실천해 직원들을 감동시킨 것이다.

이디야는 회사의 손익을 떠나 해외 워크숍을 통해 매우 중요한 교훈을 얻을 수 있었다. 여행을 통해 모든 직원들이 새로운 활력을 얻고 다음 성장 목표를 향해 달려갈 동력을 얻게 된 것이다.

이탈리아에 페데리코 다 몬테펠트로라는 사람이 있었다. 그는 이탈리아의 도시국가인 우르비노를 다스리던 백작의 사생아였다. 백작의 뒤를 이었던 적장자(嫡長子)가 죽자 그는 우르비노의 영토를 물려받는다. 그러나 그 유산은 실제로는 빚더미에 오른 영토뿐이었다. 그래서 백작의 작위를 받고서도 그는 용병생활을 해야 했다. 자신의 영토 안에 있는 우르비노 사람들을 먹여 살려야 했기 때문이다. 그는 자신을 따르는 300명의 기사를 데리고 전장에 나가 싸워야 했다. 이렇게 용병 노릇을 하면서 번 돈으로 영토를 넓히고 또 재정비하면서 기반을 다져갔다. 동시에 자신을 따르는 부하들을 위해 복지정책을 아낌없이 펴나갔다.

페데리코의 복지정책 중에는 특이해 보이지만 지금까지도 큰 울림을 주는 것이 있다. 전쟁터에서 죽거나 부상을 당해 더 이상 돈을 벌 수 없는 부하들이 생기면 그들의 딸에게 결혼 지참금을 대신 지불해 주는 정책이었다. 당시는 지참금이 없으면 결혼하기 어려웠기 때문에 이 정책은 단번에 부하들의 마음을 사로잡았다. 그는 이런 정책을 통해 부하들의 충성심을 이끌어냈고, 이는 백전무패의 신화를 이루는 근간이 되었다. 최강의 용병으로 명성이 높아지자 이탈리아 도시국가들뿐만 아니라 영국, 스페인 등과 교류하게 되었고, 우르비노의 외교적 위상은 높아져갔다. 그리고 마침내 교황 식스투스 4세는 교회를 위해 싸우고 무패의 승리를 거둔 페데리코에게 로마교회 군대의 수장 직함을 주고 우르비노를 공국으로 승격시켰다.

구성원들의 사기는 조직을 앞으로 나가게 하는 원동력이 된다. 문 대표가 우르비노의 이야기를 알고 있었는지는 잘 모르겠다. 그러나 이디야는 사원들을 위해 무언가를 하려고 시도했다. 우르비노의 신화를 이디야에서 재현해낸 것이다. '일하고 싶은 회사', '직원이 행복한 회사'를 매출 성장보다 더 우선한 것이다. 이는 이디야의 궁극적인 목표이기도 하다. 직원들이 회사를 사랑하고 주인의식을 갖는다면 경영자의 능력에 날개가 돋친다. 경영자는 개방적인 마음으로 직원들과 긴밀히 소통하면서 회사에 대한 직원들의 요구를 파악해 나가기만 하면 된다.

한 번은 이디야의 사원들이 포털 사이트 네이버(주)의 사무 환경을 부러워한 적이 있다. 문 대표는 이 이야기를 듣고 가만히 있지 않았다. 회사의 가구들을 최고급 브랜드 제품으로 전부 교체해준 것이다. 이 최고급 브랜드가구들은 여타 사무용 가구보다 가격이 4배나 높다고 한다. 기존의 관점에서 보면 이런 일에 경영자가 일일이 대응하는 것은 권위를 떨어뜨리는 일일 수도 있다. 그러나 사무용 가구를 가장 비싼 것으로 교체해주었다는 사실보다도 사원들의 의견이 경영자에 의해 받아들여진다는 점을 우리는 눈여겨보아야 한다. 쌍방향 소통이 이루어지면 직원들은 의욕을 불태울 수 있다. 또한 회사가 직원들의 요구에 부응하려고 노력할 때 직원들은 감동을 받는다. 그 이후에 직원들은 어떻게 했을까. 모두들 자신의 능력을 십분 발휘하려고 노력했다.

회사가 '진정성'으로 조직 구성원의 감동을 이끌어낼 때 비로소 조직은 움직인다. 직원을 위한 이디야의 정책은 많다. '내부고객'인 직원들의 만족을 높이기 위해 업계 최고 수준의 연봉을 지급한다. 거기에 성과급도 적지 않게 지급한다. 또한 인센티브제를 시행함으로써 열심히 일하는 직원들에게 적절한 보상을 한다. 각종 경조사에 대한 경조금과 경조 휴가제도 기본이다. 해마다 우수사원에 대

▲ 아카데미 교육실

▲ 카페테리아

▲ 카페테리아

▲ R&D실

▲ 이디야커피 역삼사옥 14층 사무 공간

해 표창을 하고 5년 이상 된 장기 근속자에 대한 포상도 하고 있다.

이디야에는 다른 회사에 없는 특이한 정책도 있다. 바로 '피복비 지원'이다. 사원들이 옷을 사는데 회사가 돈을 지불한다는 것이다. 이디야는 분기별로 30만 원씩 매년 120만 원을 사원들이 옷을 구입하는데 쓸 수 있게 지원한다. 이디야만의 '복리후생정책'이다. 커피전문점 사업은 새로운 문화와 유행의 최전선에 있는 분야이다. 그만큼 이 분야에 종사하는 사람들은 문화 코드와 변화에 민감해야한다. 현대 문화의 상징이라고 할 수 있는 패션 감각도 예리할 필요가 있다. 유능한 사원은 업무에서뿐만 아니라 생활에서도 문화와 유행에 대한 통찰력을 갖고 있어야 한다. 고객, 가맹점주, 창업 희망자를 상대하기 위해서도 깔끔한 옷차림은 중요하다. 이런 사원들만이 고객의 내면에 있는 니즈를 파악할 수 있다. 피복비 지원은 직원 모두가 유능한 사원으로 성장하길 바라는 이디야의 바람이자 경영철학의 일환이다.

이디야는 또 사원들이 자기계발을 게을리하지 않도록 유도하고 다양한 지원도 아끼지 않는다. 독서 경영을 지향하는 회사답게 당연히 매월 1권의 도서 구입비를 지원한다. 이와 더불어 원어민 강사를 채용해서 외국어 수업도 한다. 업무역량을 키워주기 위해 외부기관에서 교육도 받을 수 있게 했다. 사원들의 건강과 관련된 지원도 중요하게 다루고 있다. 직원들이 신체 단련을 위해 피트니스센터나 요가학원 등에 등록하면 아낌없이 지원하는 것이다.

【신나고 행복한 직원으로 육성하기 위한 이디야의 복리후생정책】

- **업계 최고 수준 연봉 및 성과급, 인센티브제 시행**
- **2014년 6월 역삼동 GS타워로 본사 이전**
  - 최신 인테리어를 통해 효율적이고 편안한 사무환경 보장
  - 최고 수준 근무환경 제공
  - 고급 데스크 & 패널 가구
  - 다양한 복리후생 지원(셔틀버스, 조·석식 제공)
  - 폰부스(S/V 점주 통화용)
  - 여직원 휴게실
  - R&D실
  - 사내 도서관
  - 사내 카페테리아
  - 사내 방송국
- **경조사 지원**: 각종 경조금, 경조 휴가제 시행
- **피복비 지원**: 분기별 1회 피복비 지원
- **포상제도 다양화**: 매년 우수사원 표창, 장기근속자 포상
- **자기계발 지원**
  - 사내 원어민 외국어 강의 진행
  - 개인별 자기계발 외부교육 지원: 업무역량 강화 교육, 외국어 교육 등
  - 체력단련 및 여가활동 지원: 헬스, 요가 등
  - 월별 도서 구매 지원
- **전문가 양성 교육 프로그램**
  - **ESS(EDIYA Smart Solution)**: 핵심역량 노하우 공유 및 경쟁력 강화, 업무 처리 교육, 현장 및 현업 과제 해결 중심 프로그램 통해 직원역량 강화, 이디야만의 미래 핵심인재 양성
  - 사내 상시 교육: 직급별 역량 강화교육, 수퍼바이저 직무능력 향상 교육, 명사 특강, 전문가 초빙교육 등
- **본사 카페테리아/직영점 매장 음료 무상 제공**
- **즐겁고 신나는 기업문화 행사**
  - 매년 해외 워크숍(봄): 09년 일본, 10년 베이징, 11년 홍콩/마카오, 12년 대만, 13년 태국, 14년 상하이, 15년 홍콩/마카오, 16년 미국 시애틀(예정)
  - 매년 가을 야유회(가을): 09년 양평, 10/11년 태안, 12년 횡성, 13년 제주도
  - 송년회: 성과 공유 및 비전 발표, 신입사원 장기자랑 및 페스티벌
- **수평적이고 활발한 소통 문화**
  - 독후감 경영: 매월 대표이사 e메일로 독후감 제출과 함께 개인적 고민 상담, 업무 아이디어, 생활 에피소드 등 다양한 이야기로 소통
  - 신상품 공모전: 전 직원 참여, 신제품(음료/베이커리)에 대한 다양한 아이디어 공모, 실제 매장 신제품 출시 시 인센티브 지급
  - 사내 아이디어 제안 제도
  - 사내 임직원 대출 제도: 주택자금 지원, 개인당 3,000만원 한도(무이자)

회사와 함께 성장하는 행복한 직원들

문 대표는 짬이 날 때마다 삶의 순간들을 카메라로 포착해서 담는 취미를 즐기고 있다. 그래서 같은 취미를 가진 직원들과 함께 사진 동아리 '사진연구소'를 만들었다. 틈틈이 촬영한 작품들을 엮어 사진집으로 내기도 하고, 쉬는 날에는 경치 좋은 곳에 가서 사진을 찍는다. 최고 경영자와 사원들이 함께 취미를 즐기는 것이다. 이 정도의 관심사만으로 함께 어울린다는 것은 경직된 조직 구조라면 쉽지 않을지도 모른다. 게다가 상사가 권위주의적인 태도로 사원을 대하고 사원들은 상사의 눈치를 보는 회사라면 '동아리'는 순수한 의미를 잃기 쉽다. 하지만 문 대표는 평등한 동아리 구성원으로서 사원들과 어울린다.

얼마 전에 '사진연구소'는 주말을 이용해 일본으로 촬영 여행을 다녀왔다. 여행 스케줄은 문 대표의 지시에 의한 것이 아니라 동아리 구성원들이 머리를 맞대고 짠 것이었다. 저가항공을 이용했으며 소박한 숙소를 잡았다. 아침에는 13명이 일본식 탁자에 함께 앉아 도시락을 먹었다. 다 갖춰 놓고 부러울 게 없는 숙소보다 부대끼며 어울리는 경험들이 더 큰 추억으로 남는 법이다.

2박 3일 간의 짧은 여행이었지만 13명이 함께 움직이는 일은 쉽지 않다. 다행히도 동아리 멤버들은 미리 세운 치밀한 계획 아래서 촬영 여행을 마칠 수 있었다. 특별한 목적을 갖고 간 것은 아니지만

▲ 이디야커피 사내 동아리 '사진연구소' 출사(2014.04, 일본 오사카/교토)

문 대표는 이 여행에서 새로운 깨달음을 얻을 수 있었다.

문 대표가 돌발제안을 한 것은 마지막 날 한국행 비행기를 타기 몇 시간 전이었다. 그는 탑승시간이 얼마 남지 않은 시점에 오사카에서 가장 유명한 소바 식당에 들르자고 제안했다. 숙소로 가서 짐을 챙겨 공항에 도착하는 것만 해도 남은 시간은 빠듯했다. 동아리 멤버들은 몹시 당황했지만 문 대표는 온 김에 유명한 소바를 먹고 가자며 졸랐다. 멤버들은 서둘러 소바 식당으로 향했다. 분주하게 발걸음을 옮겨 도착한 식당에는 소바가 다 팔리고 6인분밖에 남아 있지 않았다. 할 수 없이 근처의 유명한 오코노미야키 식당으로 발걸음을 옮겼다. 그러나 소바 집에서 허둥대며 시간을 허비한 터라 오코노미야키를 먹고 나면 숙소에 들를 시간이 부족했다. 문 대표를 제외한 멤버들은 이 과제를 풀기 위해 머리를 맞대고 답을 찾아냈다. 둘로 조를 나눠 한 조는 숙소로 가서 짐을 가져오고, 다른 한 조는 오코노미야키를 먹은 뒤 먹지 못한 멤버들을 위해 테이크아 웃을 해 와서 공항에서 만나기로 한 것이다. 이렇게 해서 결국 모두 가 오코노미야키를 먹을 수 있었다.

그러나 공항에서 만난 동아리는 다시 돌발사태와 직면했다. 숙소 로 간 사람들이 주인을 알 수 없는 짐 2개를 가져왔기 때문이다. 다 른 조의 짐을 챙기다가 실수로 다른 숙박객의 짐을 가져온 것이다. 이들은 바로 숙소 측에 연락을 취했다. 그러나 비행기 탑승시간 전 에 숙소 종업원에게 짐을 전달하는 것은 무리였다. 동아리 멤버들 은 또 머리를 맞대고 고민하다가 코인락커를 생각해 냈다. 코인락 커에 짐을 넣어두고 열쇠를 근처에 숨겨둔 뒤 숙소주인에게 알려 주기로 한 것이다. 그들은 이렇게 돌발사태를 잘 마무리하고 무사 히 귀국 비행기에 오를 수 있었다.

그날 문 대표는 확실하게 깨달았다. 경험이 부족해 보이던 직원 들도 문제에 직면하자 머리를 맞대고 힘을 합쳐 자기들 스스로 최 선의 결정을 내린다는 것이었다. 문 대표는 흡족할 수밖에 없었다. 회사가 성장한 시간만큼 직원들도 성장해 있었던 것이다. 이렇게 동아리 활동을 통해서 문 대표는 직원들의 역량을 재확인할 수 있 었다. 외부에서 유능한 직원을 굳이 영입하지 않아도 이디야를 훌 륭하게 이끌어갈 수 있다는 확신이 들었다. 얼마 뒤 문 대표는 동아 리 회원 중 한 명을 과장으로 진급시켰다. 직원들과 함께 어울리면서 소통하려고 시작한 동아리 활동이었다. 그러나 문 대표는 동아리 활동에서 회사 운영에 대한 큰 영감을 얻게 되었다.

문 대표는 여전히 직원이 행복한 회사로 만들려고 노력하고 있다. 직원들도 사랑으로 보답하려고 한다. 그의 생일이 되면 전 직원들이 손으로 쓴 편지를 엮은 핸드메이드 스토리 북, 문 대표의 캐리커쳐, 사진으로 만든 등신상(等身像) 등을 선물한다. 돈을 들인 선물보다 정성이 담긴 선물들이다. 사원 한 사람 한 사람이 주는 선물에는 문 대표를 믿고 따르겠다는 진심이 담겨 있다.

문 대표를 감동시킨 선물은 또 있다. 가을야유회에서 실시한 인기투표인 '니가 좋아상'에 그를 1등으로 뽑아준 것이다. 직원들은 인기상과 함께 그에게 '종신계약서'를 수여했다. 영원한 이디야의 리더로 남아달라는 뜻이었다. CEO에게 회사의 리더로 영원히 곁에 남아 달라고 요청받는 것보다 더 큰 영광이 있겠는가.

회사란 이익창출이라는 목적을 갖고 있다. 그렇기에 가끔은 무정해 보일 때도 있다. 하지만 회사를 이루는 것은 결국 사람이다. 이디야는 이를 간과하지 않았다. '같은 프라이드치킨도 행복하게 자란 닭이 더 맛있다'고 한다. 직원들의 행복은 이디야커피를 더 그윽하고 품격 있게 만들 것이다. 이디야에 고객의 발길이 이어지는 것은 이디야가 만드는 커피에 행복이 깃들어 있기 때문이 아닐까.

커피로
연결하는
이디야 세상

커피의 맛, 소통의 매개체

우리나라에서는 1년에 약 242억 잔의 커피가 팔린다고 한다(출처: Coffee Infographic). 출근시간이면 어김없이 가판대 앞에 줄을 서서 커피를 사는 사람들을 볼 수 있다. 낯설지 않은 광경이다. 또 어떤 사람은 정신없이 일을 하다가도 짬을 내서 꼭 커피를 마신다. 아예 책상에 커피를 갖다 놓고 마시면서 일하는 사람도 있다. 이렇듯 요즘에는 커피를 마시지 않는 사람을 찾아보기가 어렵다.

한 잔의 커피가 만들어지기까지도 수많은 사람의 손길이 필요하다. 커피 산지에서 커피나무를 재배하고 커피체리를 수확하느라 많은 사람들이 땀을 흘린다. 커피 산지에서 농부들은 커피체리에서 과육을 제거하고 얻은 생두를 건조한다. 이 생두를 공장에서 로스팅하고 블렌딩한 뒤 커피를 우릴 수 있는 원두로 만들어 매장으로 내보낸다. 그러면 바리스타는 원두에서 에스프레소를 추출해 마시기 좋게 컵에 담아낸다. 비로소 우리가 음미할 수 있는 커피가 되는 것이다. 커피가 되는 공정은 이렇게 많은 손이 간다. 사람의 손길이 많이 갈수록 더 질 좋은 커피가 만들어지고 독특한 맛도 살아난다. 그리고 이렇게 만들어진 커피가 우리 앞에 놓여질 때 소통을 위한 대화의 장이 열린다.

문 대표는 칼럼 「커피, 소통의 매개체(2013. 2. 18 자 아시아경제)」을 통해 '커피는 소통의 매개체'라고 정의했다. 우리는 흔히 만남의 장소를 카페로 정하고, 거기서 커피 한 잔을 앞에 두고 대화를 나눈다. 이때 커피의 그윽한 향은 매개체가 되어 사람과 사람 사이를 가깝게 해 준다.

영국의 여류 소설가인 로저먼드 레이먼은 커피 예찬론자였다. 그녀는 "한 잔의 좋은 커피는 차분한 마음으로 유쾌한 대화를 나누는 것과 같다"고 했다.

이처럼 커피와 대화는 뗄 수 없는 관계에 있는 것 같다.

"커피 한 잔 하실래요?"라는 말에는 '커피 마시면서 대화를 나눌까요?'라는 뜻이 내포되어 있다. '대화를 나눠요'라고 직선적으로 말하는 것보다 훨씬 부드럽고 감미롭다. 커피 한 잔을 마시는 동안 사람과 사람 사이에서는 소통이 이뤄진다. 커피의 맛과 향이 효과적으로 대화를 나눌 수 있게 분위기를 만들어주기 때문이다. '커피는 소통의 매개체'라는 문 대표의 정의가 적절해 보이지 않는가.

커피 회사는 무엇으로 사람들과 소통할까. 금방 알아챘겠지만 당연히 커피이다. 커피 회사는 고객과 커피로 소통할 수 있어야 한다. 맛 좋고 질 좋은 커피를 마셔본 소비자라면 이디야가 무엇으로 소통하려는지 짐작할 것이다. 소비자들은 다음에 다시 이디야 매장을 방문하는 것으로 고마움과 격려를 대신할 것이다.

이디야는 최고의 원부자재 공급회사들과 10년 이상 상생협력해왔다. 또한 점주와의 소통을 위해 그들의 마음과 입장을 헤아리고 배려하는 정책을 실천하고 있다. 내부고객인 직원들과 소통하기 위해 독후감 경영과 여러 복리후생정책을 시행하고 있다. 이렇게 이디야는 다양한 위치에 있는 사람들과 소통하면서 성장하고 있다.

커피로 기여하는 회사

한편 국내 커피전문점 시장은 포화상태에 이르렀다는 평가가 나오고 있다. 이런 상황에서도 이디야는 매년 70% 이상의 성장세를 보여주고 있다. 신뢰와 소통과 상생의 실천이 빛을 발하며 비약적인 성장을 이뤄내고 있다. 이디야는 이제 사회로도 눈을 돌려 성장의 과실을 나누려고 한다. 매년 겨울 임직원들이 함께 봉사단을 조직해서 어려운 이웃이나 소외계층들을 돕기로 한 것이다.

삶이 어려운 사람들에게 주린 배와 추위를 견뎌야 하는 겨울은 시련의 계절이다. 학창시절 필자 역시 연탄을 구입할 돈이 없어 냉골에서 긴 밤을 보내야 했다.

어느 날이었다. 여느 때와 같이 이불을 뒤집어쓰고 책을 보고 있는데 문득 방바닥이 따뜻하다는 사실을 깨달았다. 졸음과 추위에 몽롱해진 머리 때문인지 환각처럼 느껴졌다. 그러나 곧이어 정말로 몸이 따뜻해졌다는 것을 느꼈고 긴 겨울 뜻밖의 행운이 찾아왔음을 알 수 있었다.

식은 지 오래 된 필자의 방 아궁이에 연탄불을 넣어준 이가 있었다. 누굴까. 다음 날 자취집 주인 딸이 꾸지람을 듣고 있었고 필자는 은혜를 베푼 사람이 누구인지 알 수 있었다. 그 고마움은 몇 십 년이 지난 지금도 기억 속에 생생하다. 연탄 한 장은 밤이 지나고 다 타버렸다. 하지만 내 마음 속의 연탄은 중년이 된 지금까지 마음 속에서 나를 데워주고 있다.

연탄 한 장의 따뜻함은 잊을 수가 없다. 삶이 어려울 때 누군가의 작은 베풂은 혹한의 겨울을 이길 수 있게 하는 힘을 준다. 그 힘은 살아가는 데 도움이 될 뿐 아니라 살아갈 희망을 준다.

이디야도 연탄 한 장의 따스함을 전하려고 움직이고 있다. 2011년부터 매년 겨울철마다 연탄으로 난방을 하는 이웃들에게 연탄과 쌀을 전달하는 행사를 하고 있다. '사랑의 쌀·연탄 나눔'으로 명명한 이 행사는 '나눔의 기쁨을 행동으로'라는 표어를 걸고 진행된다. 물론 쌀과 연탄을 기부하는 데서 끝내지 않는다. 임직원들이 직접 쌀과 연탄을 나른다. 기부만으로도 훌륭한 선행이지만 거기에 성의를 더하면 감동이 따른다. 감동은 마음 속에 지핀 불을 더 오랫동안 타게 한다.

한국인의 밥상엔 김치를 빼놓을 수 없다. 무엇을 먹든 김치는 사시사철 약방의 감초처럼 항상 한 자리를 차지한다. 우리 주변에는 어려운 여건 때문에 김장을 할 수 없는 사람들이 아주 많다. 자유를 찾아 삶의 터전을 뛰쳐나온 새터민들도 마찬가지다. 고향을 등진 것도 서러운데 김치도 없이 끼니를 때워야 한다. 이들을 위해 이디야가 나섰다. 이 행사는 '사랑의 김장나눔'이라는 명칭으로 진행되었다. 이 나눔 역시 임직원들 손으로 직접 김치를 담궈 새터민들에게 전달한다.

이디야 임직원은 지난 2010년 밥퍼나눔운동본부를 찾아가서 사랑의 밥퍼 봉사에도 참여했다. 직접 식사를 준비하고 배식을 했다. 이디야 봉사단의 노력으로 총 750여 명의 독거노인, 무의탁 노인, 노숙자, 행려자들이 무료급식을 받았다. 한 끼를 해결하기 어려울 만큼 고단함에 지친 사람들을 위해 이디야는 기꺼이 다가간다.

아프리카인들을 돕기 위한 깨끗한 우물을 파고 식수를 정화하는 활동도 한다. '아프리카 우물 사업 B-water 캠페인'이 그것이다.

▲ 이디야커피 전임직원 겨울철 봉사활동(사랑의 쌀·연탄·김장 나눔)

왜 이디야에
열광하는가

아프리카의 많은 나라들이 극심한 식수난을 겪고 있다는 것은 누구나 아는 사실이다. 이 캠페인으로 케냐뿐 아니라 탄자니아에도 우물이 만들어졌다. 올해는 '사랑의전화복지재단'과 함께 동아프리카에서 우물개발 사업에도 직접 참여할 예정이다.

【이디야의 사회공헌활동】

- **지속적 사회공헌활동**
  - **국내외 사회공헌활동**: 사랑의 김장 담그기, 연탄 나눔 행사, 밥퍼 나눔 운동, 남아공 결식아동 돕기 캠페인 등 시행
  - **파란사과**: 매장 비치 모금함에 본사 기부액 더해 2010년부터 현재까지 (사)사랑의전화복지재단 아프리카 식수지원 사업 B'water 캠페인에 기부
- **다양한 사회공헌활동**
  - **장애인의 날 캠페인**: 보건복지부와 협업, 기념 컵홀더 제작, 가맹점 무상 제공
  - **매장 근무 직원과의 상생**: 연 400명 대상 총 2억 원 규모 '이디야 메이트 희망기금 사업' 진행

이디야 가맹점의 직원들은 고객과 가장 가까운 곳에서 일을 한다. 하지만 본사 사원들에 비하면 복지나 배려에서 소외되기 쉽다. 이디야는 매장 직원들도 이디야의 일원으로서 일하는 것에 자부심을 느끼길 바란다. 그래서 '이디야의 절친한 벗'이라는 의미로 그들을 '이디야 메이트'라고 부른다. '이디야 메이트'는 현장 매니저, 아르바이트생 등 현장에서 일하는 모든 직원들을 가리킨다.

▲ 연 2억 원 규모 이디야 메이트 희망기금 사업

대부분의 이디야 메이트들은 20대로 학업과 일을 병행하고 있다. 이들을 위해 이디야는 작년에 총 3,000만 원의 기금을 조성해서 6개월 이상 근속한 이디야 메이트들에게 장학금으로 지원했다.

2014년부터는 학생과 모든 일반인 이디야 메이트를 대상으로 한 '이디야 메이트 희망기금 사업'을 진행했다. 이디야는 6개월 이상 근속한 메이트를 대상으로 400명을 선발해 한 사람당 50만 원씩 총 2억 원을 장학금 및 자기계발 비용으로 지원하였으며, 2015년에도 지속 시행 중이다.

이디야는 현장 경험이 풍부한 사원들을 중용한다. 이디야커피 같이 직접 고객과 상대하는 서비스 업종은 현장 중요성이 더욱 절실하기 때문이다. 본사 직원도 일정기간 직영점으로 발령을 내서 현장을 경험하게 한다. '이디야 메이트'를 본사가 직접 채용하기도 하는데 현장에서 일한 경험이 풍부하기에 본사 업무도 훌륭하게 수행한다. 이 때문에 현장에서 경력을 쌓은 이디야 메이트가 본사에 지원하면 가산점을 부여해서 적극적으로 채용하고 있다.

옷깃만 스쳐도 인연이고, 그렇게 맺은 인연은 소중하다. 이디야는 이디야 메이트들 역시 함께 걸어가는 동반자라고 본다. 또한 지금은 이디야 메이트로 인연을 맺었어도 후에는 고객이나 가맹점주로 만날 수도 있기에 그들과의 인연을 소중하게 생각한다.

여전히 갈증을 느끼는 경영자

이디야커피는 2013년 10월 1,000호점 돌파 기념 기자회견을 열었다. 여기서 문 대표는 '(가칭)이디야 드림 로스팅 재단'을 설립할 예성이라고 발표했나. 지금도 여러 가지 봉사활동을 하고 있지만, 나눔 활동에 있어서는 아직도 매우 목이 마른 듯하다. 재단 설립은 산재된 사회공헌활동들을 통합해서 보다 본격적으로 해보겠다는 의지로 풀이된다. 재단 설립은 오래 전부터 구상해 왔던 일이다. 이 재단에서는 총100억 원의 기금을 조성해 장학생을 지원하고 결손 가정의 아동들을 돕는 데 쓰일 예정이다. 또한 중국의 사막화 방지를 위한 식목사업 등에도 사용할 계획이다.

이와 더불어 이디야는 젊은 예술인들을 후원하기 위한 사업도 구상하고 있다. 미술, 음악, 무용, 연극, 문학 등의 순수예술에서는 수익을 창출하기가 쉽지 않다. 예술 분야에 종사하는 사람들 중에는 생계를 잇기 어려운 사람들조차 있다. 그래서 많은 사람들이 중도에 포기한다. 이디야는 전도유망한 예술가들이 경제적인 어려움을 덜고 마음껏 재능을 발휘할 수 있도록 지원하려고 한다.

향후 이디야커피는 단독 사옥을 건립할 계획이다. 문 대표는 단독 사옥에는 반드시 '이디야 홀'이라는 공연장을 포함할 계획이라고 한다. 총 2개실로 이루어질 '이디야 홀' 중 한 곳은 연주회, 콘서트 등을 위한 공연장으로 쓰려고 한다. 그리고 다른 한 곳은 연극이

▲ 이디야커피 '대한민국 커피전문점 최초 1,000호 돌파 기념' 기자 간담회
(2013.10, 롯데호텔서울 사파이어볼룸)

나 뮤지컬을 공연하는 장소가 될 것이다. 그러면 더 많은 사람들이 문화 콘텐츠를 제공받을 수 있지 않을까. 이디야는 더 많은 예술인과 대중들이 만날 수 있는 접점이 되고자 하는 것이다. 이디야 홀에서는 가맹점주, 고객, 내부직원, 협력사를 위한 초청 공연도 할 예정이다. 이디야의 성공이 있기까지 고생한 사람들에게 감사를 전하는 자리이기도 할 것이다.

문 대표는 자신의 저서 《커피, 그 블랙의 행복》에서 마크 샌번의 《우체부 프레드》의 일부를 인용한다. 소설 속에서 주인공은 커피를 마시고 싶어 하는 한 부인에게 2달러로 커피 한 잔을 대접한다. 예상치 못한 커피를 마시게 된 부인은 굉장히 놀라워하고 이 반응에 주인공은 흐뭇해한다. 소설은 이 상황에 대해 다음과 같이 서술한다.

"커피 값은 그날 그가 가장 가치 있게 쓴 돈이었다. 그는 커피라는 아주 작은 친절을 베풀었을 뿐이지만 한없이 큰 만족감을 얻을 수 있었다. 비로소 그는 헌신적이고 열정적으로 움직이게 만드는 힘이 무엇인지 깨달을 수 있었다."

커피 값은 2달러에 불과하다. 하지만 2달러를 내어줌으로써 주인공은 일반적인 2달러의 가치보다 훨씬 더 큰 행복을 느낄 수 있었다. 주인공은 평화로운 한 때에 커피를 마시는 기쁨이 얼마나 큰 것인지 잘 알고 있었다. 그렇기에 부인에게 그 기쁨을 선사했다. 그리고 그 기쁨을 다른 사람과 나눌 때 진정한 행복을 얻을 수 있다는 사실을 깨닫게 한다.

이디야는 고객에게 맛있는 커피를 제공하려고 온갖 노력을 기울여 왔다. 문 대표도 이 나눔의 행복이 어떤 것인지 가슴 속 깊이 새기고 있다. 회사가 어느 정도 궤도에 오른 후로는 그가 더욱 사회공헌활동에 힘쓰는 이유이다.

함께
나누는
커피의 행복

나눔경영을 선도하다

평소 '맛집'에 관심을 갖고 있는 사람이라면 '미슐랭 가이드'에 대해 들어봤을 것이다. 미슐랭 가이드는 세계 각지의 관광명소를 알려주는 책자인데, '레드가이드'와 '그린가이드'로 두 종류가 있다. 매년 새로운 개정판이 발행되는데, 그 중에서도 레드가이드는 특히 독자들의 주목을 끈다. 레드가이드가 세계에서 가장 뛰어난 맛집들을 소개하기 때문이다. 최고의 맛을 추구하는 음식점이라면 반드시 미슐랭 가이드에 언급되길 원한다. 이처럼 미슐랭 가이드는 현재 세계에서 가장 권위 있는 맛집 안내서로 명성을 얻고 있다.

미슐랭 가이드 제작자들은 매년 전문 심사위원들을 세계 각지의 음식점과 호텔에 파견한다. 인종과 성별, 나이가 다른 심사위원들은 손님으로 가장해서 음식점이나 호텔에 잠입한다. 그런 다음 주인도 모르게 음식 맛과 청결도, 서비스 등을 꼼꼼히 점검한다. 이렇게 해서 자신들이 최고로 꼽은 음식점이나 호텔 레스토랑을 미슐랭 레드가이드에 소개한다. 레드가이드에 소개된 음식점들은 그 뒤 어떻게 될까. 별 한 개만 받아도 국내 손님뿐 아니라 외국 관광객들까지 쉴 새 없이 방문하며 성황을 이룬다.

미슐랭 가이드를 발행하는 곳은 놀랍게도 출판사가 아니라 우리에게는 '미쉐린'이라는 명칭으로 잘 알려진 타이어 회사이다. 미쉐린 기업은 미슐랭 가이드 외에는 음식이나 식품과 아무런 관련이 없는 회사이다. 그런데 왜 타이어 회사가 음식점 안내서를 발행하게 되었을까?

미쉐린 타이어는 1889년에 설립되었다. 미쉐린이 한창 사업을 전개하던 당시 프랑스에서는 고작 3,500대의 자동차만이 거리를 누비고 있었다. 자동차가 적으니 타이어 소비도 거의 없었다. 타이어를 많이 팔기 위해서는 자동차를 더 많이 사도록 유도해야 했다.

먼저 미쉐린은 자동차 운전자를 위해 여행지와 맛집, 주유소 정보를 담은 안내책자를 만들어 무료로 배포하기로 했다. 여행을 장려하는 동시에 자동차를 더 많이 이용하도록 유도하려는 목적이었다. 그때만 하더라도 지금과는 달리 여행정보를 손에 넣기가 쉽지 않았다. 그래서 미슐랭 가이드의 인기는 높아만 갔다. 1922년부터는 돈을 받고 책자를 판매하기 시작했다. 지금은 어떤가. 미슐랭 가이드는 세계 90개국에서 한 해 1,700만부 이상이 팔리는 세계적인 권위를 자랑하는 여행안내서가 되었다. 또한 레드가이드는 세계적인 요리사들이 언급되기를 희망하는 최고의 맛집 안내서가 되었다.

미슐랭 가이드의 매출은 회사 전체로 보면 0.3% 미만으로 큰 이익은 되지 않는다. 그러나 자동차 관련 상품을 판매하는 회사로서 자동차 문화를 판매한다는 일념으로 110년 이상 꾸준히 발행하고 있다. 해마다 새로운 미슐랭 가이드가 발행되면 세계적으로 큰 이슈가 된다. 가이드에 소개된 명소들과 음식점들은 식도락가들의 시선을 한 몸에 받기 때문이다. 타이어 회사가 만든 미슐랭 가이드가 이렇게 여행과 음식문화를 선도하게 되었다. 그리고 오늘날 미쉐린 타이어는 세계에서 가장 비싼 타이어 제품 중의 하나가 되었다.

문화를 매개로 한 마케팅은 기업의 이미지를 높여준다. 세계적인 기업들은 상품이나 서비스를 팔아 쌓은 부를 문화예술에 재투자한다. 문화예술을 매개로 구축한 기업의 긍정적인 이미지가 고객들의 더 많은 구매를 이끌기 때문이다. 미쉐린은 120년 전에 이를 간파했다. 그렇기에 오늘날 뛰어난 기업들은 소비와의 직접적인 접점이 이뤄지지 않는다는 이유로 문화예술을 멀리하지 않는다.

커피 문화의 재탄생

커피 회사들도 문화예술과 밀접한 관계를 맺는다. 커피라는 상품이 문화와 밀접하게 관련되어 있을 뿐 아니라 그 자체로도 예술이기 때문이다. 알다시피 문화예술을 이끄는 거장들은 커피를 즐기면서 예술의 근간이 되는 영감을 얻는다. 그런 예술가들의 수는 셀래야 셀 수 없이 많다. 천재 시인 랭보는 커피와 사랑에 빠져 절필을 선언하기도 했다. 커피를 너무 사랑한 나머지 시에 쏟을 예술혼을 커피에 쓰기로 한 것이다.

헤밍웨이의 명작《노인과 바다》에는 청새치 낚시를 마치고 집으로 돌아오는 노인이 나온다. 노인이 지쳐서 돌아오자 마놀린이라는 소년은 노인에게 우유와 설탕을 듬뿍 넣은 커피를 마시게 한다. 그러자 바다에서 오랜 사투로 탈진해 있던 노인이 몸을 일으켜 세운다. 한 잔의 커피를 마시고 겨우 생기를 얻게 된 노인은 다시 미래를 꿈꾼다. 이렇듯 헤밍웨이도 자신의 작품 속에서 다룰 만큼 커피를 사랑했다. 이 밖에도 '커피 칸타타'를 쓴 바흐를 비롯해, 배우 클라크 케이블, 작가 발자크, 가수 빌리조엘 등 과거와 현재를 아우르는 수많은 예술가들이 커피 예찬론자들이다.

커피가 가는 곳에는 새로운 문화가 만들어진다. 커피열매를 맛있게 먹어 치우는 염소를 에티오피아의 한 목동이 눈여겨보았다. 인류가 커피를 발견한 것이다. 이 위대한 발견은 이슬람의 승려에게 전해졌고 사원의 의식에 쓰이면서 수도자들의 문화를 바꿨다. 커피가 유럽에 전해지자 기독교인들은 극심한 반대를 했다. 하지만 이런 반대에도 불구하고 교황은 커피를 '기독교의 음료'로 선포했고 커피는 포기할 수 없는 음료로 화려하게 재탄생한다. 터키에서는 '카프베'라는 커피전문점의 원조격인 문화가 생겼고 미국인들은 영국의 차 수입 금지조치에 대항해서 차 대신에 커피를 마심으로써 독립과 자유 의지를 표출했다.

커피는 우리나라에서도 새로운 문화를 만들고 있다. 커피전문점이 들어오면서 다방문화는 거의 자취를 감춰버렸다. 아마도 침침한 뒷골목에나 가야 겨우 찾아볼 수 있을 정도가 되었다. 다방들은 대부분 커피전문점으로 대체되었다. 차를 마시던 사람들도 이젠 대부분 커피를 마신다. '다도(茶道)'라고 일컬어지는 차와 관련된 예절도 이제 인사동이나 박물관에 가서야 경험할 수 있는 문화가 되었다.

커피는 단 시간에 대한민국 곳곳에 퍼져 나갔다. 도시의 직장인들뿐만 아니라 농촌에서 농사를 짓는 노인들에게도 커피는 이제 생활필수품이다. 커피가 대한민국에 '문화'로 자리잡은 것이다. 다음 에피소드를 읽으면 커피가 대한민국 농촌에 어떤 문화를 생성했는지 잘 알 수 있을 것이다.

'해질녘 커피'는 도심에서 멀리 떨어진 시골마을 할머니가 타 주는 커피를 말한다. 해가 지면 논과 밭에서 잡초를 솎아내며 고된 하루를 보낸 마을 사람들이 할머니 집으로 모인다. 그러면 할머니는 찬장에 넣어두었던 고무줄로 여며둔 봉지를 꺼낸다. 잔도 아닌 그릇에 커피가루와 설탕을 풀고 얼음을 동동 띄우면 끝이다. 하지

EDIYA ESPRESSO
COFFEE
EDIYA COFFEE
always beside you, EDIYA COFFEE

만 반드시 대청툇마루에 앉아 노을이 붉게 물든 석양을 바라보며 마셔야 한다. 그래야만 '해질녘 커피'가 완성되니까. 할머니는 마을사람들에게 자랑하듯 말한다. "딴 사람이 타 준 커피보다 맛있지? 서울에서 아들이 보내준 해질녘 커피라서……" 할머니가 이렇게 신주단시 모시듯 다루는 커피 봉지에는 이렇게 쓰어 있다. '헤이즐넛 커피.'

이 이야기는 재미있기도 하지만 '커피'라는 문화가 우리 생활영역에 촘촘히 자리잡고 있다는 것을 보여준다.

고객지원이 곧 미래투자다

최근 떠오르는 트렌드 중의 하나로 '인디음악'이 있다. '인디'는 인디펜던트(independent)라는 단어의 약자로 '독자적'이란 의미를 갖고 있다. 인디음악은 거대 자본의 영향을 받지 않는 독자적인 음악활동을 말한다.

인디 뮤지션들은 기획사에 소속되지 않는다. 기획사에 소속되면 기획사는 투자비를 회수하기 위해 가수들의 활동에 여러 가지 제약을 둔다. 하지만 인디 뮤지션들은 자신만의 음악을 자유롭게 추구하기 위해 자본의 개입을 거부한다. 비용이 들어가는 큰 무대 대신에 작은 공연장이 모여 있는 홍대 부근에서 주로 활동을 한다. 많은 대

중들보다는 자신들의 음악을 진짜 좋아하는 극소수의 마니아들에게 자신들의 음악을 들려주는 것이다. 그러나 새롭고 독특한 것을 찾는 최근의 흐름에 힘입어 인디음악이 재조명을 받고 있다. 조용히 인기를 끌게 되자 이제는 공중파 방송에도 종종 등장하게 되었다.

이디야도 인디음악과 비슷한 행보를 걸어왔다. 거대 자본이나 화려한 마케팅에 의존하지 않고 콘텐츠의 질과 독특함을 내세운다는 점에서 인디뮤지션들과 유사해 보인다. 홍대의 소규모 공연장에서 공연하는 인디밴드들은 인터넷 커뮤니티 등을 통해 알려진다. 이디야도 좋은 맛과 합리적인 가격을 내세워 시장에서 입소문으로 알려졌다. 그런 이디야가 인디밴드의 콘서트를 주최한다면 환상적인 조합이 될 것이다.

이디야의 첫 인디밴드 콘서트는 2011년에 개최되었다. 500호점 오픈을 기념하기 위해 국내의 내로라하는 인디 뮤지션들의 흥겨운 무대가 펼쳐졌다. 또 700호점을 돌파한 2012년에는 이디야의 주 고객층인 2~30대들이 좋아하는 인디뮤지션들을 초청해서 '이디야 락 페스티벌'을 개최했다. 2013년에는 이를 '이디야 뮤직 페스타(EDIYA Music Festa)'라고 명명하고 정착시켰다. 2013년 '이디야 뮤직 페스타'부터는 인디뮤지션과 더불어 마야, 씨스타, 케이윌과 같은 실력파 가수들이 열정적인 공연을 만들기 시작했다. 다양한 장르의 음악을 무대에 올리자 콘서트는 한층 풍성해졌다. 2014년에는 잠실실내체육관에서 '제4회 이디야 뮤직 페스타'가 열렸

▲ 이디야 뮤직 페스타(2011~2014년)

다. 실력파 가수들을 초청해 8월 30~31일 양일간 2만 명의 고객
들에게 멋진 공연을 선사했다. 예년에 비해 더욱 화려해진 라인업
으로 8월 30일에는 YB, Clazzquai, 이은미, 마야, 노브레인, 소란
이, 31일에는 이승환, 자우림, 김범수, 이상우, 장미여관, 슈퍼키드
가 공연을 펼쳤다. 이디야 뮤직 페스타는 이디야가 고객에게 감사
하는 마음을 전하려고 기획한 일종의 사은 콘서트이다. 올해로 5
회째를 맞는 '이디야 뮤직 페스타'는 8월 말 예년보다 더 성대하게
펼쳐질 예정이다.

이디야는 '엑스재팬' 공연 등 대중문화 역사에 길이 남을 콘서트
들도 후원해 왔다. 이디야의 젊은 고객들이 지닌 문화 욕구를 충족
시키고 호응하기 위해서였다.

이디야가 오래전부터 진행해 온 문화 이벤트 중에는 전시회 티켓
을 증정하는 행사도 있다. 2009년에는 서울 시립미술관에서 진행
된 '르누아르전', 그리고 2010년에는 '신의 손, 로댕전' 관람권을 증
정하는 이벤트를 실시했다. 이 전시회에 나온 걸작들은 파리의 로
댕미술관을 벗어나 사상 처음으로 외부에 공개되는 것이었다. 또
한 유명 고전화가들의 대작을 관람할 수 있는 '샤갈전', '태오얀센
전', '고흐전', '헤세전' 등 여러 미술 전시 티켓 증정 이벤트도 주최
했다. 이처럼 이디야는 고객들에게 커피의 맛과 향뿐만이 아닌 예
술작품의 흥취를 즐길 수 있도록 기회를 선사하고 있다.

앞서 언급했듯이 이디야는 독서를 기업의 문화로 정착시켜 왔다. 그리고 이제는 고객들에게 독서를 권장하기 위해 2012년과 2013년에 이른바 '리딩 캠페인'을 진행했다. '리딩 캠페인'은 매달 발간되는 서적들 중에서 유익한 책을 골라 '이달의 추천도서'로 발표한 뒤 당첨자를 선정해서 무료로 책을 증정하는 캠페인이다. 이런 이벤트들은 이디야를 합리적인 가격의 질 좋은 커피뿐만 아니라 고객들에게 문화를 선사하는 품격있는 기업으로 기억하게 하는데 톡톡한 역할을 하고 있다.

【문화 캠페인】

- **리딩캠페인** : 권장도서 추천 및 도서 무료 증정
- 미술전, 사진전, 영화, 뮤지컬 등 각종 공연 관람권 증정 이벤트
- **이디야 뮤직 페스타** : 이디야 고객 초청 콘서트
- **영화제 후원** : 제3회 서울국제초단편영화제 후원
- **공연 후원** : 위성신 페스티벌, 창작 뮤지컬 〈문 워크〉, 지방 연극 제휴
- **영화 제작 투자** : 2009년 영화 〈여행자〉 투자 지원

외국계 커피전문점 앞에서 사람들은 줄을 서서 커피를 주문한다. 그러나 한편으로는 불만도 갖고 있다. 식사비만큼이나 비싼 커피를 마셔야 하는데 당연한 일이 아닌가. 물론 다른 브랜드의 커피도 얼마든지 마실 수 있다. 그럼에도 사람들이 굳이 그곳에서 줄을 서는 이유는 무엇일까. 커피 마시는 문화를 소비하려는 것이다. 외국

계 커피전문점의 커피는 음료를 초월해 뉴욕 문화의 상징처럼 여겨진다. 뉴욕의 방식으로 커피를 마시면서 뉴요커의 문화를 향유하고자 하는 것이다.

하지만 뉴욕의 문화를 누리는 대가로 우리는 꽤 많은 로열티를 지불하고 있다. 따지고 보면 억울하기도 하다. 미국에서 3,000원대에 팔리는 커피를 우리는 4,000원대의 가격으로 마셔야 하니까.

수많은 토종 브랜드 커피전문점들이 시장에 진출하면서 커피전문점 시장은 더욱 확장되고 있다. 이제 외국계 브랜드보다 토종 브랜드가 더 많아졌다. 이렇듯 치열한 경쟁 속에서 이디야는 이디야만의 방식으로 문화적 공감을 불러일으킬 수 있어야 했다. 합리적인 가격의 맛있는 커피에 더해 커피를 좋아하는 사람들이 즐길 수 있는 문화, 그 두 가지의 접점을 만드는 것이 과거부터 현재까지 이어지는 이디야의 궤도이자 목표이다.

전 세계 사람들은 커피를 원한다. 날마다 커피를 마시는 사람들의 수는 전 세계 인구의 4분의 1이나 된다고 한다. 우리만의 커피 문화로 세계를 매혹할 수 있다면 그 결과는 엄청날 것이다. 누가 할 수 있을까? 필자는 수많은 토종 브랜드 커피전문점들을 떠올려 본다. 그리고 이디야라면 커피 한류의 주역이 될 수 있지 않을까 생각해본다.

이디야의
꿈은
계속된다

2,000호점 개설은 꿈이 아니다

이디야는 앞으로도 사람에 충실할 것이다. 어떤 경영자들은 효율을 중시한 나머지 장비나 전산에 많은 투자를 하기도 한다. 그러나 결국은 기계나 시스템이 아닌 사람이 문제를 해결한다. 따라서 지속적인 성공을 위해서는 가장 핵심적인 문제에서 눈을 떼면 안 된다. 즉 사람을 중시하고, 사람의 마음에 열정을 불어넣으며, 또 그것을 유지할 수 있어야 한다. 열정을 갖고 있는 사람이 스스로 일을 하는 이유는 마음 깊은 곳에 진정성을 품고 있기 때문이다. 이런 진정성은 문제해결을 위한 최고의 수단이 된다. 열정이 없다면 사람들이 선호하는 직장에서 모두가 부러워하는 역할을 맡아도 행복을 느끼지 못한다. 어쩔 수 없이 수동적으로 일을 한다면 성과를 올릴 수가 없다. 이디야가 사람들에게서 열정과 진정성이 있는지 찾아보려고 하는 이유이다. 이는 이디야가 직원을 뽑을 때 가장 신경을 쓰는 부분이다.

이디야의 사원복지는 회사의 규모에 비하면 매우 훌륭한 편이다. 이런 소문이 알려지면서 소위 '고스펙' 지원자들이 몰려들기 시작했다. 그 중에는 MBA나 석사학위 취득자들도 적지 않다. 물론 이들이 다 뽑히는 건 아니다. 이디야만의 독특한 채용 기준에 따라 직원을 뽑기 때문이다. 즉 지원자가 얼마나 열정과 진정성을 갖고 있는지를 꼼꼼하게 살펴본다.

그래서인지 이디야의 입사면접에는 다른 회사들과 달리 다양한 풍경들이 펼쳐진다. 어떤 지원자는 언니와 시장에 다녀오는 길에 본 이디야 매장이 예뻐서 지원했다고 이유를 밝혀 면접관들을 황당하게 했다. 또 어떤 지원자는 이디야커피를 한국의 스타벅스로 만들겠다며 당찬 포부를 밝히기도 한다. 최종면접에서 갑자기 "노래 한 곡 부르겠습니다!"라고 외치고 면접관들을 상대로 당차게 유행가를 부른 지원자도 있다. 이들은 지금 이디야의 직원으로 일하고 있다.

다른 회사의 판단 기준으로 볼 때 1, 2등을 할만한 지원자들이 있다고 하자. 그러나 이들을 이디야의 기준으로 평가하면 그렇지 않을 수 있다. 반대로 다른 회사들의 기준으로 볼 때 좋은 평가를 받지 못하는 지원자라도 열정과 진정성과 잠재력과 꿈을 가진 지원자라면 선발될 수 있다. 국내 최초로 1,000호점을 돌파하는 등 급성장의 배경에는 이런 열정과 꿈을 지닌 직원들의 힘이 컸다.

문 대표 경영 초기부터 이디야는 줄곧 안정 우위의 알찬 성장을 추구해 왔다. 그러나 다른 토종 브랜드가 공격적인 마케팅으로 추격해 오자 이디야도 위기의식을 느끼지 않을 수 없었다. 커피전문점과 관련된 보도에서도 이디야는 사라지고 어느덧 후발 브랜드들이 언급되기 시작한 것이다. 당시 이디야는 한 달에 4~5곳, 일 년에 60곳 정도 신규 매장을 오픈하고 있었다. 이디야는 새로운 도전을 하기로 결정했다. 안정적인 경영이 한 곳에 머물러 있어야 한다는 것을 의미하지는 않기 때문이다.

찰스 다윈은 "살아남는 자는 강한 종도 아니고 우수한 종도 아니다. 오로지 '변화한 종'이다"라고 했다. 이것은 생물학에만 국한되는 이야기가 아니다.

바람의 방향을 바꿀 수 없다면 돛을 조정해야 하듯 성공으로 가는 항로에 늘 잔잔한 물결만 있다면 문제가 되지 않을 것이다. 하지만 먼 길을 가는 배는 때때로 거센 풍랑과 암초를 맞딱뜨리기도 한다. 대책 없이 항해를 한다면 배는 난파하고 말 것이다. 변화를 두려워한 나머지 현상을 유지하려고 한다면 더 큰 위험에 처하기 십상이다.

후발 브랜드가 추격해 오자 이디야도 변화가 필요했다. 문 대표는 변화가 필요하다는 사실을 인식하고 그 일환으로 직원을 공개 채용하기로 결정했다. 점포 개발을 담당하는 개발팀 사원을 채용하는 최종면접에 4명의 지원자가 올라와 있었다. 서류를 놓고 보니 한 눈에 순위를 짐작할 수 있었다. 부동산 회사에서 경력을 쌓은 사람과 관련 분야 전공자가 1, 2순위였다. 하지만 최종면접인 만큼 직접 이야기를 들어보기로 했다. 그리고 자신의 짐작이 틀렸음을 알기까지는 많은 시간이 필요하지 않았다. '서류상 3, 4순위인 지원자'들의 표정과 말투는 달랐다. 다른 지원자들에게서 느껴지지 않는 열정과 진정성이 느껴졌다. 서류상으로 3, 4순위였지만 결국 이들의 패기에 이끌려 낙점할 수밖에 없었다.

사실 공개채용에서는 1명을 선발할 예정이었다. 하지만 당시는 성장에 속도를 내야 할 시점이었다. 기존의 습관이나 고정관념에서 벗어나 분위기를 쇄신할 필요도 있었다. 새로 입사한 경력사원 1명이 소신껏 일하기는 쉽지 않을 것이다. 그래서 문 대표는 2명을 채용하기로 했다. 그런 다음 개발팀장과 함께 마음껏 '활개를 쳐보라'며 독려해 주었다. 2명의 경력사원들은 한 달 정도 분위기를 파악하더니 본격적으로 성과를 내기 시작했다. 한 달 동안 한 명당 5건씩, 총 10건의 새로운 가맹점 계약을 체결했다. 이전에는 두 달이 걸려야 올릴 수 있는 실적이었다. 새로 들어온 경력사원 2명이 성과를 올리자 기존 직원들도 놀라는 눈치였다.

이들이 특별한 성과를 올릴 수 있었던 비결은 무엇일까. 기존의 습관에서 벗어나 고정관념을 깨뜨린 것이었다. 당시 이디야는 안정적인 경영을 고수하느라 월 5개점 개설에 만족하고 있었다. 급하게 서두르다가 체할지도 모른다는 다소 안일한 생각을 하고 있었던 것이다.

또한 창업하는 점주들의 이익을 보장하기 위해 임차료가 월 200만원이 넘는 매장은 가맹점 승인을 하지 않았다. 그러나 새로 들어온 직원들의 생각은 달랐다. 임차료가 월 200만 원이 넘어도 임차료를 감당할 수 있다면 승인해도 된다고 생각했다. 맞는 말이다. 임차료가 비싸면 더 큰 규모의 매장을 운영할 수 있고, 그 만큼 더 많은 매출을 올리면 되는 것이었다. 매장이 커지니 더 많은 고객을 수용할 수 있었다. 월 임차료 500만원이라고 하면 이디야의 소규모 매장 기준 평균보다도 200~300만 원 정도가 높다. 하지만 매출이 평균 대비 2배 이상까지 올라가자 문제가 없었다.

기회는 새로운 생각에서 찾아온다. 또 그것은 한 곳에 머물러 있을 때 찾아오지 않는다. 새로운 시도를 할 때 아무도 모르게 다가온다. 신입사원들이 시도한 새로운 도전이 기폭제가 되어 이디야는 다시 급성장의 궤도에 올라 탈 수 있었다.

새로운 직원들의 성과가 올라가면 당연히 기존에 있던 직원들도 자극을 받는다. 그러자 신규 가맹점을 80곳 이상으로 늘릴 수 있었다. 이전까지 1년에 40~50곳씩 신설되는 것에 비하면 거의 2배나 되는 수준이었다.

일본에서 성공신화를 써온 유명한 전자부품업체 '일본전산'의 나가모리 사장은 사원들 중에는 '자연(自燃)형 인간'과 '불연(不燃)형 인간', 그리고 '가연(可燃)형 인간'이 있다고 말한다. 스스로 불타오르는 '자연(自燃)형 인간'은 100명 중에서 10~15명 정도라고 한다. 옆에서 아무리 불을 붙여줘도 타오르지 않는 '불연(不燃)형 인간'의 수도 그와 비슷하다. 나머지 70~80명의 사람들은 주변에 불타오르는 사람이 있을 때 함께 타오르는 '가연(可燃)형 인간'이라고 한다.

회사에서 요구하는 인재는 명문대를 졸업한 사람이나 성적이 우수한 사람이 아니다. 일류기업에서 커리어를 쌓은 사람도 아니다. 마음속에 불씨를 갖고 있어서 그것을 점화시킬 수 있는 사람이다. 그런 불씨를 가진 사람은 주변 사람들도 함께 타오르게 한다. 서류상 3, 4순위의 지원자들이 그 불씨를 갖고 있었고, 이디야에 불을 지피기 시작했다.

이들의 성과를 지켜본 문 대표는 그때부터 개발팀에 과제를 내주었다. 신설 가맹점 목표를 월평균 15개, 1년에 총 150개로 끌어올렸다. 직원들의 고정관념을 깨려고 했고, 또 월평균 15개는 불가능한 일이 아니었다. 결국 개발팀은 그 해에 151개의 신설 가맹점을 오픈할 수 있었다.

문 대표는 점포 개발에 박차를 가해 개발팀의 다음 년도 목표를

212개로 정했다. 212개는 800호점을 달성하는 데까지 남은 숫자였다. 개발팀은 기존의 습관과 고정관념에서 벗어나려고 새로 입사한 직원들의 의견을 적극 수용했다. 그러자 개발팀에는 새로운 활력이 생겨났고 이디야는 적극적으로 신설 가맹점을 늘려나갈 수 있었다. 가맹점주의 입장을 고려하는 것도 중요한 과제였다. 2012년말이 되자 목표인 212개에서 1개를 더해 최종 213개 매장을 오픈했다. 마침내 이디야는 800번째 가맹점을 신설할 수 있었다.

앞서 언급했듯이 문 대표는 급성장에는 위험이 따를 수 있다고 생각했다. 하지만 퇴보를 막기 위해서는 성장 속도를 늦출 수도 없었다. 단, 너무 빠른 성장은 득보다는 해가 될 수 있다고 생각했다. 그래서 이듬해인 2013년도에는 목표를 250개로 잡았다. 전년도에 213개의 매장을 개발해낸 직원들의 목표를 조금만 높여 준 것이다. 이런 결정은 내실을 다지면서 성장하고자 하는 전략이었다.

마라톤을 할 때는 마지막 스퍼트를 위해 힘을 비축해 놓는다. 모든 구간에서 전속력으로 달릴 수는 없다. 사실 이디야도 훨씬 이른 시기에 1,000호점을 돌파할 수 있었다. 그러나 이디야는 그렇게 하지 않았다. 속도를 더 낼 수 있는 순간에도 더 중요한 내실을 다지기 위해 힘을 아꼈다. 그럼에도 결국은 '국내 최초'라는 목표를 이뤄냈다.

이디야는 2013년 251개 가맹점 개설과 1,000호점 돌파라는 성과를 일궈냈다. 사실 2013년은 다른 커피전문점 업체들에게는 위기의 해였다. 신설 가맹점 수를 100개 이상 늘린 커피전문점 업체가 3개밖에 되지 않았다. 프랜차이즈 업체는 그 중 2개에 불과했다. 이디야는 커피전문점 업체를 통틀어 1위를 기록했다(조세일보 2014. 4. 15). 2013년은 커피시장 자체가 2000년 이래 가장 확대된 시기였다. 시장 확대가 정점에 이르자 관계자들은 이 업계가 더 이상 성장하는 것은 무리라고 전망했다. 게다가 국내의 경기상황도 매우 좋지 않았다. 사정이 이렇다보니 창업 희망자들이 프랜차이즈 창업을 망설이고 있었다. 이런 악조건 속에서 이디야는 오히려 승승장구한 것이다.

2014년에도 이디야의 성장은 멈추지 않았다. 오히려 진일보했다. 이디야는 국가대표 커피브랜드로서 대한민국 커피의 새로운 역사를 쓰고자 하는 비전을 갖고 2014년도에도 공격적 출점과 혁신시스템 구축에 매진했다. 그 결과가 매출 1,162억, 신규 가맹점 개설 389개이다. 점포 개설의 경우 단순하게 따져도 하루에 한 개 이상 오픈하는 것으로, 커피전문점 업계의 새로운 장을 열었다.

2015년 이디야의 목표는 신규점포 개설 450개, 매출 1,600억이다. 문 대표는 개발팀에게 특별히 과제를 내주지 않았다. "알아서 마음껏 해보라"고 한 마디 했을 뿐이다. 그럼에도 불구하고 개발팀은 한 달에 40개 이상 오픈하는 등 매장 출점의 새로운 기록을 세워나가고 있다. 2006년의 1년 성과를 한달 만에 해치운 것이다.

중국 진출 시도, 그 후

이디야가 써나갈 역사의 다음 페이지에 어떤 내용이 들어갈지 궁금하다. 문 대표의 언급에서 유추해 볼 때 그 무대는 아마도 중국 등 세계무대가 아닐까 싶다. '대륙의 유일한 황제'라는 이디야 뜻처럼 중국대륙을 평정하게 될 날을 기대해도 될지 모르겠다.

해외진출이 기업의 로망은 아니다. 그러나 큰 꿈을 가진 사람이라면 국경을 초월해서 능력을 인정받고 싶어 한다. 이 땅이 꿈을 마음껏 펼치기에는 좁아 보이는 것일까. 우리나라는 해외에서 성공한 분야가 꽤 많다. 요즘에는 '한류'라는 단어가 그것을 실감하게 한다. 드라마 등 문화콘텐츠, 조선, IT, 전자기기 등 '메이드 인 코리아'의 위상은 날로 높아가고 있다.

이디야 역시 해외에서 꿈을 펼치기 위한 준비를 해왔다. 국내시장을 놓고 치열한 쟁탈전이 벌어지던 2004년부터 해외진출을 구상하고 있었다. 그러다 마침내 2005년 9월에 해외진출을 결정했다.

해외진출의 첫 발자국은 중국 대륙에 새겼다. 중국은 가까운 나라이고 인구가 가장 많은 나라이다. 이디야는 수도 베이징에 한국과 똑같은 형태의 직영점을 내고 운영을 시작했다. 이곳은 회사들이 밀집되어 있었고, 이디야는 많은 직장인들을 고객으로 확보할 수 있겠다고 판단했다.

이디야가 베이징에 직영점을 낸 지 얼마 되지 않을 때였다. 불길한 기운이 감돌기 시작했다. 주변 사무실들이 하나 둘씩 빠져나가고 있었다. 그러더니 그 자리에 술집들이 채워졌다. 얼마 후 오피스 상권은 완전히 유흥가로 바뀌어 버렸다. 커피가 가장 잘 팔릴 시간인 한낮에도 유동인구가 없었다. 매상은 텅 비어 있었다. 해가 서산으로 떨어져야 겨우 사람들이 나타났다. 그러나 밤에 유흥가를 찾는 사람들의 목적은 커피가 아니라 술이었다. 적자를 면치 못하던 이디야 베이징 직영점은 2008년 개점 3년 만에 철수할 수밖에 없었다.

그렇다고 중국 시장을 포기할 수는 없다. 인구만큼이나 시장의 잠재력도 한 눈에 알 수 없기 때문이다. 여전히 중국은 커피를 마시는 양에 비해 차를 소비하는 양이 압도적으로 많다. 우리나라 사람들은 한 해에 1인당 484잔의 커피를 소비한다. 중국 사람들은 1년에 고작 5잔 정도 마신다고 한다. 하지만 베이징과 상하이를 비롯한 대도시에서는 커피 소비량이 급격히 늘고 있는 추세이다. 현재 중국의 커피 시장은 매년 20%씩 성장하고 있다. 전문가들은 이런 추세라면 2030년에는 약 200조 원의 시장으로 성장할 것으로 내다보고 있다(대한상공회의소 코참 차이나비즈니스 정보: 중국의 커피 시장).

이처럼 중국 시장의 잠재력은 어마어마하다. 머지않아 세계 최대 시장으로 부상할 것이다. 이런 상황에서 국내 커피전문점들이 중국 시장에 눈독을 들이지 않을 수 없는 것이다.

이디야는 첫 번째 중국 진출 시도에서 실패하고 말았다. 그리고 그 원인을 준비 부족이라고 인정했다. 시장과 상권을 철저하게 분석하지 못한 탓에 변화에 적응하지 못한 것이다. 비가 오고 난 뒤에는 땅이 더 굳어진다. 이제 이디야는 더 과감하게, 그러나 신중하게 중국 시장을 개척하려고 준비하고 있다.

가장 먼저 현지 시장조사를 하기로 했다. 알다시피 중국은 자국 문화에 대한 자부심이 크다. 풍부한 잠재력만큼이나 수많은 어려움도 도사리고 있다. 세계적인 기업들도 중국 시장의 높은 장벽에 막혀 실패하는 사례가 많다. 또한 중국인의 공감을 얻지 못하면 아무리 좋은 아이템이 있어도 성공을 장담하기 어렵다.

문 대표는 틈날 때마다 중국에 가서 커피전문점들을 둘러본다. 중국 커피전문점의 운영 시스템을 파악하고 현지인들에게 인기 있는 메뉴를 확인하기 위해서이다. 그는 치밀한 시장조사 끝에 고급 차와 베이커리 등을 메뉴에 포함시켜야 한다는 결론을 내릴 수 있었다.

중국인들은 체면을 살리기 위해 돈을 쓰는 경향이 있다. 과시하고자 하는 욕구가 큰 편이다. 상품의 가격이 오르면 사고 내리면 거들떠보지도 않는 특이한 시장이다. 그래서 고가의 상품들이 아주 잘 팔린다.

700m
EDIYA COFFEE
Espresso
Coffee
Tea
Beverages
Flatccino
Bread

이디야가 합리적인 가격만을 내세운다면 중국에서 통하지 않을 가능성이 있다. 그래서 국내와는 정반대의 전략을 쓸 수밖에 없다. 중국 시장의 특성에 맞는 '맞춤 고급화 전략'이 필요한 것이다.

중국 커피전문점의 주요 고객은 유행과 소비에 민감한 젊은층과 유학 경험이 있는 부유층들이다. 그러나 이들은 유행에 민감한 만큼 소비성향의 변동이 심하다. 이들은 갈대처럼 유행의 흐름에 따라 움직인다. 오늘은 이쪽으로 움직여도 내일은 어디로 움직일지 모른다. 이런 고객들에게 기업은 충성도를 기대하기 어렵다.

현재 중국의 커피 시장은 커피전문점 분야와 인스턴트 커피 분야로 양분되어 있다. 인스턴트 커피 시장은 앞에서 말한 시장과는 다른 양상을 보인다. 많은 소비자들을 확보하고 있는 것이다. 이디야가 중국 인스턴트 커피 시장에 진출한다면 고객을 확보하기가 훨씬 더 쉬울지도 모른다.

중국의 인스턴트 커피 시장은 매우 독특하다. 마시는 방법부터가 다르다. 중국에서는 인스턴트 커피를 고객이 직접 타서 마시지 않는다. 상인들이 인스턴트 커피를 제조해서 잔으로 판다. 마치 커피전문점에서 원두 커피를 테이크아웃하듯 인스턴트 커피를 사서 마시는 것이다. 이디야는 이런 독특한 상황을 파악하고 인스턴트 시장에 진입하려고 한다. 이는 커피전문점 시장으로의 진출을 원활하게 해 줄 것이다.

이디야는 고심 끝에 커피전문점 시장 진출에 앞서 인스턴트 커피 시장을 공략하기로 했다. 먼저 '비니스트 25'로 중국 고객과 만나려고 한다. '비니스트 25'는 국내 커피전문점 최초로 개발한 인스턴트 원두커피 제품이다. '비니스트 25'는 중국인들의 마음에 '이디야'라는 브랜드를 각인시킬 수 있는 매개체가 될 것이다. 이디야커피는 '비니스트 25'에 이어 올해 5월 '비니스트 미니'를 출시했다. 이 노하우를 바탕으로 해외시장을 적극 공략할 계획이다. 이를 통해 '이디야커피'라는 브랜드의 인지도를 높이고, 현지의 시장성을 타진한 다음 구체적인 해외 출점 전략을 마련할 것이다.

여기에 전에 없던 새로운 방법을 시도하려고 한다. 첫 번째는 2~3개의 브랜드를 동시에 론칭하는 것이다. 중국은 우리나라와 달리 유통 채널이 훨씬 다양하다. 이런 다양한 유통 채널들을 활용하면 소비자에게 다가가기가 쉬울 것이다. 또 하나는 세계적인 기업과 협력체계를 만드는 것이다. 이 전략 역시 중국에서의 성공 가능성을 한층 높여줄 것이다.

마지막으로 완벽한 현지화를 구상하려고 한다. 현지에서 아무리 시장조사를 잘 해도 그곳에 살면서 경험한 것만은 못할 것이다. 이디야는 이미 중국 유학을 했거나 성장기를 현지에서 보낸 직원들을 선발했다. 이들은 중국어에 능통하고 현지 사정에도 매우 밝다. 중국 진출을 위한 전략을 실현하는 데 있어서 이들이 능력을 발휘할 것이다. 이들은 중국 진출에 대비해서 현재 수퍼바이저로서 국내에서 경험을 쌓고 있다.

이디야는 중국 진출을 철저히 계획하고 준비해 왔다. 중국 진출 전략은 한국에서의 성공요인에 중국만을 위한 전략을 접목한 것이다. 이디야의 치밀한 계획과 준비가 어떤 성과를 낼 수 있을까. 아직은 알 수 없다. 그러나 한 가지 분명한 것이 있다. 이디야는 자신들이 세운 목표를 향해 한 걸음씩 다가가고 있다.

이디야는 오랫동안 해외진출을 준비해 왔다. 북경에서 한 번의 실패도 경험했다. 그렇기에 더욱 철저히 준비를 하고 있다. 철저한 시장조사 및 분석이 뒤따르지 않는다면 해외 매장 오픈은 자금 부담은 물론 내부직원의 동력 저하와 브랜드 이미지 실추 등의 악영향을 가져올 수 있다. 그래서 이디야는 더욱 신중을 기하고 있다.

지구 반대편에서도 이디야를 만날 수 있다

문 대표는 1,000호점 돌파 기념 기자간담회에서 2017년까지 국내와 해외를 아울러 2,000호점을 열겠다는 목표를 밝혔다. 해마다 300호점씩 매장을 늘려가겠다는 계획이다. 결코 쉽지 않은 도전이다. 요즘 커피전문점 시장의 성장 속도는 둔화되고 있다. 몇몇 회사들은 적자를 내고 있는 상황이다. 그러나 시장 상황에 아랑곳하지 않고 이디야는 더욱 도전적인 목표를 세우고 있다. 모두가 위기를

▲ 이디야커피 '대한민국 커피전문점 최초 1,000호 돌파 기념' 기자 간담회
(2013.10, 롯데호텔서울 사파이어볼룸)

▲ 이디야커피 창립 13주년 및 대표이사 취임 10주년 기념식(2014.04.01, 라마다호텔)

왜 이디야에
열광하는가

거론하는데 왜 이디야만 전진의 속도를 늦추지 않으려는 것일까. 특별한 비책이라도 갖고 있는 것일까.

　세계적인 경영학자인 프라할라드와 하멜은 '조직은 목표를 조금 높게 세우라'고 강조한다. 즉 목표를 조금 높게 설정한 다음 목표를 실현하기 위한 핵심역량을 강화하라는 것이다. 이를 통해 기업은 시장에서 경쟁력을 갖게 되고 우위를 점할 수 있게 된다. 핵심역량이란 외부환경에 좌우되지 않는 성공요인을 계발해내는 능력을 말한다. 회사가 조금 높게 잡은 목표를 달성하기 위해서는 내부의 시스템을 십분 활용해서 더욱 노력하고 역량을 강화해야 한다.

　지금까지 국내 커피전문점 시장은 맹렬한 속도로 성장해 왔다. 더 이상의 성장은 기대하기 어려울 정도가 되었다. 다른 커피전문점과 마찬가지로 이디야도 선택의 기로에 놓였다. 하나는 '시장 상황으로 볼 때 더 높은 목표를 달성하기는 어렵다'고 판단해 현재의 상태를 유지하려는 것이다. 또 하나는 다른 방식으로 접근하는 것이다.

　이디야는 후자를 선택했다. 그리고 지방으로 눈을 돌렸다. 지방 소도시 같은 곳은 여전히 커피전문점이 들어서지 않은 곳들이 많다. 큰 매장이 들어갈 건물이 아예 없기 때문이다. 이디야는 지금까지 '작은 규모의 매장'전략으로 이익을 냈다. 따라서 크기가 작은 건물들이 많은 지방소도시를 집중 공략하는 것도 또 다른 성장 전략의 하나가 될 수 있을 것이다.

앞의 전략을 통해 성공한 회사가 '혼다'이다. 지금은 혼다자동차로 유명하지만 예전에는 오토바이와 스쿠터만 만들던 회사였다. 혼다가 자동차 사업에 진출한다고 했을 때 어느 누구도 성공을 예상하지 않았다. 오토바이와 자동차는 구조면에서나 제조 기술면에서 완전히 다르기 때문이나. 그런네도 혼다는 자동차 시장에 진출하겠다는 목표를 세웠다. 그런 다음 자사의 장단점을 파악한 후 핵심역량을 기르고 목표 달성을 위한 단계를 밟아나갔다. 혼다는 일본 3대 자동차 메이커이자 글로벌 기업으로 성장했다. 이제는 자국뿐 아니라 해외 자동차 시장에서도 놀라운 성과를 올리고 있다.

목표를 높게 책정하는 것은 동기부여가 될 수 있다. 혼다처럼 큰 성공을 거두는 원동력이 될 수도 있다. 목표를 크게 정하는 것만큼이나 성공 역시도 중요하다. 또한 성공은 회사 내부의 시스템을 정확히 분석하고 핵심역량을 높여 나갈 때 비로소 가능하다.

성공 스토리는 세상에 아주 많이 존재한다. 5명뿐인 우리나라 국가대표 스키 점프 선수들은 2003년 동계 유니버시아드에서 금메달을 따냈다. 1,800번의 오디션 끝에 영화 '록키'의 주연으로 발탁된 실버스타 스탤론도 기적의 주인공이다. 4명의 벤처 개발자들이 만든 '카카오톡'은 현재 4,200만 명의 사용자를 확보한 국민 모바일 메신저로 자리를 잡았다.

스키 점프 국가대표팀은 동계 올림픽 개최지 선정 탈락으로 해체

▲ 69돌 광복절 기념 광고(조선일보, 중앙일보, 동아일보, 매일경제, 한국경제)

될 뻔했다. 만약 실버스타 스탤론이 1,800번의 오디션 뒤에 배우의 길을 포기했다면 많은 사람들의 사랑을 받는 '록키 발보아'는 없었을 것이다. 카카오톡이 절체절명의 순간에 다른 회사의 투자를 받지 못했더라면 지금처럼 성공하지 못했을 수도 있다. 성공한 기업들의 공통점은 결코 포기하지 않고 끈질기게 노력했다는 것이다.

준비하지 않으면 더 이상의 기회는 오지 않는다. 기회를 낚아채기는커녕 인식하지도 못한다. 기회를 잡아도 노력하지 않으면 성공하지 못한다. 이디야가 지난 15년 동안 큰 성공을 거둔 것도 철저한 준비와 치열한 노력 덕분이었다.

이디야는 이미 대한민국 지도에 1,500개가 넘는 랜드마크를 만들어냈다. 웬만한 동네라면 "이디야에서 만나자"라고 약속을 해도 이상하지 않다. 합리적인 가격의 맛있는 커피로 대한민국 커피시장을 평정하다시피 한 것이다.

이디야의 진정한 꿈은 2,000개의 매장을 개설하는 것도, 해외 진출에 성공한 것도 아니다. 많은 사람들에게 사랑받는 커피 회사가 되는 것이다. 이디야는 '더 많은 사람들과 만나고 싶다'는 꿈을 이루기 위해 아직도 매장이 없는 곳에 진출하고 있다. 커피전문점에서 커피를 파는 것을 너머 이제는 다양한 커피 제품으로도 고객을 만나고 있다. 우리나라에 전해진 커피의 경로를 거슬러 이제 해외로 나아가려는 것이다.

part 03

커피사업을
처음 시작하는
사람들에게

내게 정신을 차리게 만드는 것은 진한 커피, 아주 진한 커피이다.
커피는 내게 온기를 주고,
특이한 힘과 기쁨과 쾌락이 동반된 고통을 불러일으킨다.

– 나폴레옹

EDIYA COFFEE

프랜차이즈 창업을 위한 조언

최근 우리나라 경제의 화두는 '창업'이다. 베이비붐 세대의 은퇴자들, 남편의 벌이에 힘을 보태려는 주부들, 구직난에 시달리는 청년들에게 '창업'이 돌파구가 되고 있기 때문이다.

그 중에는 개인창업을 하는 사람들도 있고 프랜차이즈 본사의 도움을 받아 창업하려는 사람들도 있다. 프랜차이즈 창업을 하려는 사람들은 검증받은 브랜드로 안정적인 수익을 올리려는 사람들이다. 이왕 시작하는 거라면 대박을 기대하는 것도 나빠 보이지는 않는다.

하지만 대박 가게의 점주가 된다는 이상을 실현하기까지는 여러 가지 어려움이 따른다. 그래서 이번 장에서는 프랜차이즈 창업으로 대박 내는 방법을 살펴보려고 한다.

이디야커피가 당신에게
최고의 커피를 선사합니다.
신선한 원두, 최고급 품질, 합리적 가격
세계적 브랜드로 발돋움하고 있는
대한민국 대표 커피 전문 기업
이디야의 자부심입니다.
EDIYA COFFEE

왜 프랜차이즈인가?

초보자들이 창업시장에 뛰어드는 것은 사업 아이템이 무엇이 되었든 모험이다. 창업시장은 이미 소비자들의 사랑을 받아온 기존 강자들의 세상이다. 번뜩이는 아이디어나 자본을 가진 신흥 경쟁자들도 더 많은 손님을 끌어 모으려고 분주하게 움직인다. 기술과 노하우가 부족한 초보 창업자들이 어설프게 뛰어들면 몇 걸음 나아가지도 못하고 나가떨어질 수 있다. 그래서 초보 창업자들에게 든든한 배경이 필요한 것이다. 바로 프랜차이즈 본사이다.

실제로 프랜차이즈 창업자들의 폐업률은 개인 창업자들보다 낮다. 이미 검증을 받은 아이템과 시스템을 활용하기 때문이다. 본사가 보유한 여러 노하우와 기술을 가맹점에 전수해 주기 때문에 개인적으로 가진 기술이 없어도 훨씬 수월하다.

프랜차이즈는 가격과 제품의 질을 표준화해서 항상 일정한 수준을 유지한다. 같은 조건으로 창업을 한다면 표준화된 제품과 서비스를 제공할 수 있는 프랜차이즈가 유리한 이유이다.

프랜차이즈 본사에서는 유행과 소비자들의 취향을 파악해서 그에 맞는 제품과 서비스를 개발해낸다. 개인창업도 그런 흐름에 맞추려고 노력하기는 하겠지만, 아무래도 전문성은 떨어지기 마련이다. 프랜차이즈 본사가 전문 부서를 두고 연구를 해서 만든 제품의 질이 개인의 아이디어에서 나온 제품보다 떨어질 확률은 높지 않다.

프랜차이즈의 최대 장점은 마케팅이다. 친근한 이미지와 높은 인지도로 이미 고객들에게 알려져 있기 때문이다. 똑같은 상점이나 가게가 있다면 소비자들은 좀 더 친숙한 곳으로 발걸음을 옮기기 마련이다. 이런 이유 때문에 프랜차이즈가 보다 안정적인 수익을 얻을 수 있다.

프랜차이즈 본사를 의심하라

소문난 잔치에 먹을 것이 없다. 소문까지 날 정도의 시간이 흘렀다면 그 잔치에는 이미 많은 사람들이 다녀갔을 것이다. 음식의 양은 한정되어 있다. 당신이 그곳에 갔을 때 무언가 먹게 된다면 그것은 그 날의 가장 인기 없는 음식일 것이다. 아니면 먹고 남은 부스러기이거나. 그러나 사람들은 이 말을 귀담아듣지 않는다. 모두가 대박 아이템에 눈이 멀어 있다. 송사리 떼처럼 대박 아이템을 좇아 몰려다닌다. 그러나 이는 매우 위험한 일이다.

사람들의 이런 속성을 안다면 프랜차이즈 본사들은 사업 설명회를 요란하게 할 것이다. 자신들의 브랜드로 창업을 시작하면 곧 대박이 날 것처럼 이야기하기도 한다. 또 본사들이 장점을 강조할 때 자주 오픈 가맹점 수를 이야기한다. 그러나 이는 허수일 수 있다. 오픈한 가맹점들이 전부 남아있으리란 보장이 없기 때문이다. 반드시 실제 운영되는 가맹점 수를 확인해야 한다. 그리고 프랜차이즈 매물 사이트에 들어가 보라. 그곳에서 어떤 브랜드가 많이 거래되고 있다면 그런 브랜드는 피하는 것이 좋다. 그 브랜드로 창업을 했다가는 아마도 그 사이트를 이용하게 될지도 모른다.

상권분석 및 입지 조사팀이 없는 프랜차이즈는 망한다

지극히 당연한 이야기지만 장사에는 입지가 매우 중요하다. 그래서 점포가 들어갈 입지를 전문적으로 조사해야 한다. 하지만 이런 상식이 통하지 않은 회사들도 많다. 프랜차이즈 회사들 중 60% 정도만 상권분석 및 입지조사 전문부서를 두고 있다. 그 외에는 경영자가 직접 조사하거나 영업부, 업무부 등에서 수행한다. 입지조사 부서가 있는 업체라도 직원이 자주 바뀌거나 인수인계가 잘 되지 않는 경우가 있다. 좋은 점포가 나와도 기회를 놓치는 일도 적지 않다. 중소규모의 업체만이 이런 실수를 저지르는 것은 아니다.

가맹점주를 모집하는 부서에만 업무가 집중된 업체도 위험하다. 반드시 점포가 들어설 곳을 전문적으로 연구하고 조사하는 부서가 있어야 한다. 이런 부서가 있는 회사들은 요즘처럼 경기가 좋지 않을 때도 손님들의 발길이 끊이지 않는 매장을 많이 보유하고 있다.

이들 부서는 프랜차이즈 상품의 특성에 맞게 매출을 올릴 수 있는 위치를 잘 알고 있다. 또, 그럴듯해 보이는 위치라도 장사가 잘되지 않을 수 있는 입지도 잘 파악하고 있다. 100개 이상의 입지를 직접 조사해 보면 장사하기 좋은 부동산을 구분할 수 있는 눈이 생긴다. 그래서 입지분석 전문부서가 있는 업체라도 이미 가맹점을 100개 이상 낸 본사를 찾는 것이 상대적으로 유리하다.

마지막으로 가장 중요한 것은 입지를 개발하는 사람이 직접 '점주'의 입장이 돼 보아야 한다. 다른 사람의 것이 아닌 '내 가게'라고 생각하면 함부로 입지를 선정하는 일은 없을 것이다. '손님이 많고 수익이 높은 곳에 매장'을 내도록 하는 것이 입지조사 전문부서의 목표이다. 이를 위해서는 자사의 점포 운영방식에 대해 잘 이해하고 있어야 한다. 매장의 수익 창출은 실제로 운영하는 사람의 몫이다. 점주 입장이 돼 봐야만 적절한 점포인지 제대로 판단할 수 있다.

현장에서는 예상할 수 없는 일들이 많이 일어난다. 따라서 현장의 상황을 상세히 파악해 둬야 한다. 매장을 개설하기 위해서는 사소하다고 지나칠 수 있는 부분까지도 꼼꼼하게 고려해야 한다. 매대와 조리대의 위치와 넓이가 작업하기 좋은 공간인지, 테이블과 의자가 적절한 위치에 놓일 것인지, 세세한 부분까지 살펴봐야 한다. 이처럼 현장의 상황을 자세히 파악한 다음 개설 여부를 판단해야 한다.

본사의 수익모델을 검증하라

프랜차이즈 본사는 두 가지의 경로로 수익을 얻게 된다. 하나는 가맹점 확장으로 얻어지는 가맹점 개설 비용이다. 다른 하나는 이미 개설된 가맹점에서 받는 로열티와 물류공급 비용이다. 이는 프랜차이즈 본사마다 다른 정책으로 책정되기 마련이다. 그런데 초기 가맹비용이 지나치게 높은 회사라면 숙고할 필요가 있다. 가맹점 확장으로 창출하는 수익에 의존하는 회사일 수 있기 때문이다. 만약 그렇다고 한다면 이 회사는 신규 가맹에만 집중하면서 기존 가맹점 관리에는 소홀할 수 있다.

가장 좋은 프랜차이즈는 점포 수 증가에 따른 수익과 제품 판매에 따른 수익이 적절한 비율을 유지하는 경우이다. 점포와 점포 간의 일정 거리가 확보되어 있는 상황에서 점포 수의 증가는 해당 브랜드의 홍보로도 작용한다. 고객들에게 해당 브랜드를 적절히 노출시킬 수 있기 때문이다.

여기에 제품에 대한 마케팅을 게을리하지 않는다면 점주와 본사 모두가 상생할 수 있는 구조가 형성될 것이다.

최근에는 가맹점주들의 피해사례가 늘고 있다. 일명 '샤크(상어)'라고 불리는 나쁜 프랜차이즈 기업들 이야기이다. 이들은 겉보기에 번지르르한 아이템으로 예비 창업자들을 현혹시킨다. 그런 다음 가맹점 계약을 맺고 나면 본사는 모르쇠로 일관한다. '샤크'라는 별명처럼 갑자기 나타났다가 먹이만 가로채고 사라지는 것이다.

'샤크'가 내세운 아이템들은 대부분 마진이 적은 제품들이다. 처음엔 손님이 몰려서 좋아 보이지만 아무리 많이 팔아도 수익이 나지 않는다. 이를 깨닫고 나서 본사에 책임을 물으려 하면 이미 사라지고 없다. 지나치게 홍보를 많이 하는 업체나 듣기만 해도 혹하게 하는 아이템들도 주의할 필요가 있다.

가맹비용이 창업 설명회 때와 다를 수 있다는 것도 기억해야 한다. 특히 인테리어, 간판 등 점포에 따라 비용이 유동적인 부분은 없는지 파악해 둬야 한다. 그리고 매장이 들어설 곳에 이전 가게의 설비를 철거해야 할 경우도 생긴다. 인테리어 업체를 선정하는데 본사가 자신들의 결정을 강요할 때도 주의해야 한다. 인테리어 업체와 본사의 유착으로 인해 비용을 더 지불해야 할 수도 있기 때문이다. 이런 사항들이 계약서에 기재되어 있는지 반드시 확인해야 한다.

가맹 후 매달 지급하는 로열티도 잘 따져봐야 한다. 계약 당시에는 로열티에 해당하는 수치가 높아 보이지 않을 수 있다. 그러나 막상 운영을 시작하고 매출이 들어오면 실감하기 시작한다. 예상 매출액 대비 로열티가 어느 정도인지 계산기를 두드려보면서 계약해야 한다.

많은 프랜차이즈 회사들이 시즌마다 광고와 판촉 등 홍보와 마케팅 전략을 달리한다. 이는 고스란히 점주들의 몫일 때가 많다. 홍보비에 투자한 만큼 매출이 오르면 좋겠지만 꼭 그런 것은 아니다. 어떤 점주들은 홍보비만 지출하고 매출은 그대로인 경우를 경험하기도 한다.

매 시즌마다 컨셉을 달리 해서 인테리어 리뉴얼을 요구하는 업체들도 있다. 가맹점주들은 요구를 따르지 않을 수 없게 된다. 계약서 사인할 때는 눈에 띄지 않았던 문구들이기 때문이다. 비용은 점주들이 부담해야 한다.

잘 찾아보면 홍보나 마케팅 비용을 본사가 부담하거나 부당한 인테리어 리뉴얼을 강요하지 않는 프랜차이즈 회사들도 있다. 이런 프랜차이즈 본사와 손을 잡고 창업을 하면 그런 부당한 요구에 시달릴 필요가 없다.

좋은 프랜차이즈 기업은 다 함께 오래 가려고 한다

'정직한 진정성'은 최근 프랜차이즈 시장의 이슈로 떠오르고 있다. 프랜차이즈 본사에게 횡포를 당하거나 이를 목격한 사람들이 나쁜 프랜차이즈 기업에 대해 반발하고 있기 때문이다. 나쁜 프랜차이즈 기업들은 소위 '먹튀' 수법으로 창업자들을 모아 가맹비만

챙겨간다. 건강한 프랜차이즈 업체들은 대부분 5년에서 10년 이상 견실하게 성장해 온 회사들이다.

좋은 프랜차이즈 회사는 어떻게 가려낼 수 있을까. 그들은 점주와 함께 오래 가고자 한다. 그래서 가맹비를 지나치게 높게 책정하지 않는다. 매장에 공급하는 원부자재 공급만으로 수익을 창출할 수 있기 때문이다. 그래서 이들은 매장의 점주들이 보다 많은 매출을 올릴 수 있도록 신경을 쓴다. 그래야 본사가 수익을 낼 수 있기 때문이다.

이들 본사는 점주들이 매장 운영을 효율적으로 할 수 있도록 모든 비결을 공유한다. 기술을 빠르게 습득할 수 있도록 체계적으로 매뉴얼을 만들어 놓고 교육훈련을 시킨다. 그래서 창업 과정에서 부담이 적다. 이들 프랜차이즈 기업들은 점주들이 성공할 때 자신들과의 관계도 오래 지속될 수 있다고 믿는다.

잘 되는 프랜차이즈 가맹점을 가보면 어떤 점포에 가더라도 제품의 질이 일정하다. 이를 위해 본사가 매장 관리에 많은 도움을 준다. 목적은 브랜드 이미지를 떨어뜨리지 않기 위해서이다. 한 개 점포에서 저지른 실수는 본사와 다른 가맹점에도 영향을 미칠 수 있다. 가맹점을 철저히 관리해야 고객의 눈 밖에 나지 않고 그 브랜드도 장수할 수 있다.

아무리 좋은 프랜차이즈라도 공부하지 않으면 안 된다

어떤 창업이든 철저한 준비가 필수이다. 희망하는 분야와 브랜드에 대해 철저히 공부하지 않으면 맨몸으로 전쟁터에 나가는 것이나 마찬가지다. 최소한 창업준비는 6개월 이상은 해야 한다.

창업하려는 업종을 정할 때는 그 업종의 매장에서 일을 해 보는 것이 도움이 된다. 그러면 현장에서 일어날 수 있는 돌발 상황을 미리 공부할 수 있다. 또 해당 분야를 창업하면 어떤 장단점이 있는지 파악하는 데도 도움이 된다.

창업하려는 분야에서 여러 개의 브랜드들을 꼽아보자. 그리고 각 브랜드의 장점과 단점을 비교한다. 이 과정을 거치고 나면 어떤 브랜드로 창업을 하는 것이 성공 확률이 높은지 알 수 있을 뿐 아니라 경쟁 브랜드까지도 훤히 파악할 수 있게 된다.

분야와 브랜드를 선정했다면 이번엔 매장을 열 입지를 선정하자. 그런 다음 한 동안 매장 주변을 지켜봐야 한다. 요일별 시간대별 유동인구를 전부 파악하고 주변 건물들을 돌아다니며 예상 고객을 분석하는 것이다. 그러면 실제로 매장을 오픈했을 때 그 위치에서 성공할 수 있는지 파악할 수 있다.

〈MBN '황금알' 2014. 6. 9 방영 프로그램 일부 인용〉

이디야의
커피
합리주의

커피전문점 전성시대의 독보적 대안

시장에 새로운 브랜드를 론칭할 때, 어떤 기업이든 기존의 시장을 얼마나 점유할 수 있을지 예측한다. 앞서 시장에 진출한 브랜드를 벤치마킹해서 시장을 분할하는 전략을 취할 수 있고, 전혀 예상하지 못한 새로운 전략으로 시장에 진입할 수도 있다.

만약 기존의 회사들이 유사한 방식으로 경쟁을 하고 있고, 시장은 거의 포화상태일 경우라면 어떻게 해야 할까. 시장을 이끌어가는 선도적인 브랜드를 모방하는 방식만으로는 성공하기 어렵다. 시장이 성장하는 추세에 있다고 해도 시장점유율은 보잘 것 없는 수준에 머물 것이다. 더 심한 경우는 시장에 안착하지도 못한 채 도태되고 말 것이다.

당연한 말이지만 시장에 진출할 때에는 새로운 방식의 마케팅 전

왜 이디야에
열광하는가

략이 있어야 한다. 또한 시장의 변화에 대응하면서 전략을 확고하게 밀어붙이는 추진력도 있어야 한다. 소비자의 구매욕을 자극한다는 것은 쉬운 일이 아니기 때문이다. 경쟁자나 선도자의 위치를 고려해서 더욱 의미 있고 독특한 전략으로 경쟁우위에 설 수 있어야 한다.

문 대표의 이디야커피는 매우 효과적인 전략을 갖고 시장에 진입했다. 문 대표가 이디야커피를 인수하고 시장에 뛰어든 것은 지금으로부터 10년 전인 2004년이었다. 당시 국내 커피전문점 시장은 스타벅스가 이끌고 있었다.

1999년 국내시장에 진출한 스타벅스는 단번에 국내 커피전문점 업계를 석권하다시피 했다. 그 당시 스타벅스는 수많은 기사거리들을 양산했다. 국내 상권 중에서도 명동은 가장 임차료가 비싼 곳으로 유명하다. 그 중에서도 가장 비싼 곳이 바로 현재 네이처리퍼블릭이 입점해 있는 건물이다. 이곳은 2014년 현재 월 임차료가 2억 7,000만 원에 달한다. 이 건물 임차료는 2000년에도 전국에서 가장 비싼 곳이었다. 그런데 2000년 당시 스타벅스 명동점이 이 건물에 입점한 것이다. 당시 월 임차료만 5,000만 원이었는데, 과연 커피를 팔아 이토록 엄청난 임차료를 낼 수 있는지가 세간의 화젯거리였다.

국내에 진출한 지 1년만에 스타벅스는 일거 사람들의 뇌리에 브랜드를 각인하는데 성공했다. 명동 입점을 통해서였다. 이것이 의미하는 바는 무엇인가. 사람들은 그런 비싼 임차료를 지불하는 브랜드가 만들어주는 커피를 마셔보고 싶었다. 가격은 좀 비싸도 별상관이 없었다.

생각해 보라. 그토록 비싼 임차료를 지불하는 커피전문점이라면 얼마나 맛있는 커피를 내놓을지 궁금하지 않은가. 모두가 열광적으로 스타벅스 커피를 경험하고 싶어 했다.

이것이 당시 국내 커피전문점 업계를 둘러싼 풍경이었다. 스타벅스는 이런 고가 마케팅 전략과 막대한 자본을 바탕으로 국내시장을 잠식해 나갔다. 국내뿐만 아니라 스타벅스의 문화와 생활 패턴은 전 세계 많은 젊은이들의 화젯거리였다. 스타벅스가 성공하자 시장에는 수많은 브랜드들이 홍수처럼 쏟아져 나왔다. 어지간한 커피 전문가가 아니라면 어떤 커피를 마셔야 할지도 모를 정도였다. 유행과 더불어 새로운 직업까지 생겨났다. 바로 '바리스타'이다.

스타벅스에서 커피를 마시면 정말로 기분이 달라지는 것일까. 예전에는 다방에서 커피를 마시거나 집에서 커피믹스를 타서 마셨다. 그 무렵 커피 맛을 결정하는 것은 커피가 아니었다. 프림을 많이 넣으면 쓸쓸한 맛을 줄일 수 있고, 설탕을 많이 넣으면 단맛에 커피를 마셨다.

이 시기를 지나 소득이 늘고 해외여행을 자유롭게 할 수 있게 되자 사람들은 예전의 커피 맛에서 더 이상의 특별함을 발견할 수 없었다. 이때 에스프레소와 카푸치노가 출현해서 사람들의 마음을 단번에 확 사로잡아버렸다. '커피 바텐더'라고 할 수 있는 '전문 바리스타'가 타 주는 커피이니 이전의 커피 맛과 같을 수가 있겠는가. 이렇게 스타벅스는 맛이 탁월한 비싼 커피를 대중화시켜 나갔다.

이제 우리는 운전을 하다가 가판대에서 고급 커피를 사서 마실 수도 있고, 정신없이 일을 하다 도중에 잠깐 짬을 내서 커피를 마실 수도 있다. 음식점이나 교외 카페에서도 자연스럽게 커피를 찾는다. 서점이나 슈퍼마켓, 주유소, 백화점, 편의점, 공항 같은 장소에서도 마음껏 고급 커피를 즐길 수 있다. 질 좋고 다양한 풍미를 지닌 커피를 찾는 사람들은 늘어만 가고 있다.

새롭게 등장한 이런 커피 문화는 전례 없는 유행을 만들어냈다. 스타벅스가 성공하자 국내 커피전문점은 한결같이 스타벅스처럼 요지에 매장을 내면서 화려한 분위기를 연출했다. 하지만 그 속내를 조금만 들여다보면 접근법이 매우 유사하다는 것을 금방 알 수 있다.

합리적인 가격, 겸손한 자세

이디야가 다른 브랜드에 비해 합리적인 가격의 질 좋은 커피를 시장에 내놓았을 때 소비자들이 즉각적으로 환호하며 열광했을까.

　문 대표가 경영을 맡은 초기에도 이디야는 어느 정도 소비자들에게 어필하고 있었다. 다만 당시는 유명 브랜드들이 시장에서 공격적으로 세를 확장하던 때였다. 커피시장의 치열한 확장 경쟁 속에서 이디야의 가맹점 수는 문 대표가 만족할 만큼 늘어나지 않고 있었다. 그 무렵 그는 고심 끝에 합리적인 가격의 질 좋은 커피를 출시했지만, 고객들의 무의식 속에는 '가격이 저렴한 것에는 다 이유가 있을 것'이라는 편견이 자리잡고 있었다.

　이디야 매장에 와서 커피를 마시는 소비자들이 조금 늘었다 해도 여전히 성공적이라고 말하기는 어려웠다. 프랜차이즈 비즈니스의 또 다른 성공의 축인 가맹점이 큰 폭으로 증가하지 않았기 때문이다. 이디야의 성공은 아직 요원해 보였다.

　그러나 문 대표는 소비자에게 맛 좋은 커피를 합리적인 가격으로 제공하겠다는 고집을 버리지 않았다. 그는 합리적인 가격의 질높은 커피라는 이디야의 커피철학을 굳건히 지키면서 더욱 더 애초에 자신이 구상하던 커피전문점의 기본에서 벗어나지 않기로 결심했다. 그는 가격만 합리적으로 낮춘 게 아니라, 자세도 겸손하게 낮췄다. 어려움을 참아가면서, 겉치레보다 기본에 집중하면서, 자신이 하려고 했던 일을 밀고 나갔다. 모두가 '비싼 가격, 화려한 인테리어, 목 좋은 장소'를 외칠 때 그는 자신만의 돌파구로 난관을 뚫어 나갔다.

우선 이디야는 '테이크아웃(take-out)'에 초점을 맞추기로 했다. 물론, 이 아이디어가 전례 없이 새로운 발상은 아니다. 단지 매장 안에 테이블을 최소한으로 마련해 두고 창구에서 주문을 받도록 하는 방식일 뿐이다. 특히 작은 매장에서는 고객이 매장 안으로 들어갈 필요 없이 창구에서 주문을 한 뒤 커피를 받아서 즉시 가지고 갈 수 있도록 했다.

얼마 전까지만 해도 커피는 커피숍에서 마시는 것이 대세였다. 길거리에서 커피를 들고 다니면서 마시는 방식은 다소 이질적이었다. 하지만 커피숍에서 커피를 마실 시간도 부족할 만큼 매일 분주하게 살아가는 현대인들은 그런 모습에서 오히려 매력을 느꼈다. 시간을 아낄 수 있어서 경제적이고 실용적일 뿐더러 더 전문가처럼 세련되게 보이는 것이다. 또한, 스타벅스와 같은 고급 커피를 언제 어디서나 손에 들고 다니면서 즐길 수 있다는 것은 도시인들의 또 다른 즐거움이 되었다.

이디야는 이를 간파했다. 그래서 매장에 앉아 주문한 커피를 마시는 '잇인(eat-in)'보다는 테이크아웃에 초점을 맞춰 매장 인테리어를 했다. 테이크아웃을 중심으로 매장을 설계하자 고객들이 매장 안에 머무는 시간이 줄어들었다. 매장 안에 많은 손님을 수용하지 않아도 되자 얼마든지 공간이 좁은 매장도 개설할 수 있게 되었다. 인테리어에 적은 비용과 노력이 들어가는 것은 자연스럽게 수반되는 장점이었다. 매장 관리에 손이 덜 갈 수 있다면 불필요한 인테리

어나 인력을 왜 보유하겠는가. 맛있고 합리적인 가격의 커피를 만들어 판매하는 일에만 집중하면 될 뿐이다.

합리적인 가격의 질 좋은 커피를 위해

이디야가 성공을 위해 구상한 아이디어는 또 있다. '서브 스트리트(sub-street) 전략'이다. 이것 역시 완전히 새로운 아이디어는 아니다. 전 세계적으로 매장을 늘려가고 있는 '유니클로'라는 의류기업을 예로 들 수 있다. 이 회사도 처음에는 많은 비용을 들이지 않는 '서브 스트리트' 전략을 취했다. 지금 유니클로는 세계에서 가장 옷을 많이 파는 기업으로 성장했다. 최고 경영자인 야나이 다다시 회장은 일본 최고의 부호로 등극하기도 했다.

이디야는 대부분의 유명 커피전문점들이 도시의 번화가에 더 크고 더 고급스럽게 매장을 오픈하려고 경쟁할 때 다른 곳으로 눈을 돌렸다. 모두가 주목하는 중심가에만 초점을 맞추지 않았다. 그 대신 상권 중심부에서 떨어진 틈새시장, 즉 서브 스트리트에도 가맹점을 낸 것이다. 큰 도로에서 조금만 벗어나도 부동산 시세는 확 떨어진다. 보증금과 임차료가 크게 줄어드는 것은 당연한 일이다.

이렇게 이디야는 테이크아웃 서비스에 초점을 맞추고, 또 한편으로는 틈새시장에 가맹점을 오픈했다. 그러자 가맹점들은 인건비와 부동산, 인테리어 등에 드는 비용을 크게 줄일 수 있었다. 비용이 줄어들자 부담 없는 가격으로 소비자에게 질 좋은 커피를 제공해도 이익을 낼 수 있었다.

유명 커피전문점들이 막대한 자금을 쏟아 부으며 시장에 진출했지만, 이디야는 달랐다. 이디야는 '질 좋은 커피를 합리적인 가격에'라는 기본원칙을 지향하면서 고가의 커피전문점 시장에서 돌파구를 찾아냈다.

매장의 크기를 줄이고 틈새시장에 입점한다는 것을 어떻게 받아들여야 할까. 프랜차이즈 마케팅의 관점에서 보면 결코 합리적인 발상은 아니다. 그런 곳에 입점을 해서 과연 수익을 낼 수 있을까. 이런 의문이 생겨도 자신 있게 반박하기는 어렵다. 더구나 '싼 게 비지떡'이라는 인식까지 저변에 깔려 있는 국내시장의 특징을 감안하면 조금은 무모해 보일 수 있는 전략이다. 국내시장의 그런 견고한 인식 때문인지 대부분의 외국 기업들은 국내시장에 진출할 때 고가 마케팅을 지향한다.

이디야도 시장을 리드하는 유명 브랜드와 똑같은 방식으로 경쟁하면서 과연 살아남을 수 있을까를 고민했다. 이디야는 커피에만 초점을 맞추기로 했다. 고객에게 질 좋은 커피를 제공하는 것에 자사의 모든 역량을 쏟아 부어 질을 높였다.

▲ 이디야커피 부산 온천천점

합리적인 가격의 훌륭한 커피 맛을 본 소비자들은 어떻게 반응했을까. 시간이 지나자 소비자들은 이디야에 열광하기 시작했다. 아무도 싼 게 비지떡이라고 이디야의 커피를 깎아내리지 않았다. 합리적인 가격에도 충분히 맛있는 커피를 맛본 소비자들은 자연스럽게 이디야로 발걸음을 옮기기 시작했다.

틈새시장에 들어선 작고 아담한 사이즈의 이디야의 매장을 보라. 물론 현재는 역세권이나 중심가에 매장을 오픈하는 등 더 많은 소비자와 만나기 위해 변화하고 있지만, 틈새시장의 아담한 매장은 아직까지 이디야를 상징하는 이미지가 되었다. '합리적이고 맛있는 커피'를 제공하는 커피전문점으로서 이보다 더 좋은 이미지를 만들어낼 수 있을까. 이디야의 성공은 고가 마케팅전략이 커피 프랜차이즈 업계에서 생존하기 위한 유일한 수단이 아니라는 것을 여실히 보여준다.

이디야에 대한 믿음과 신뢰

브랜드 이미지는 어떻게 만들어지는가

여느 커피 브랜드와 이디야가 다른 것이 또 있다. 이디야는 유명 연예인을 기용해서 홍보나 TV 광고를 거의 하지 않는다.

이 말을 다른 관점에서 보면, 이디야는 브랜드의 홍보를 위해 큰 비용을 지출하지 않고 커피 가격을 합리적으로 유지한다는 뜻이다. 유명 브랜드를 보유한 대부분의 회사들은 이디야와 다르다. 그들은 홍보와 마케팅에 막대한 비용을 들여가며 브랜드 인지도를 높이려고 혈안이 되어 있다. 하지만 이디야는 홍보나 마케팅에 비용을 최소화하면서도 수익을 낼 수 있기 때문에 그렇게 하지 않는다.

매체를 통한 홍보와 마케팅에 비용을 쏟아 붓지 않는다면 어떻게 소비자들의 마음을 사로잡을 수 있을까.

이디야는 고객과의 신뢰구축을 경영의 최우선 순위로 두었다. 고객과 신뢰를 쌓는 가장 좋은 방법은 그들에게 맛있는 커피를 선사하는 것이다. 문 대표는 이를 위해 여러 경로로 원두가격을 알아보았고 좀 더 저렴한 가격에 원두를 구매할 수 있었다. 구매 후에 사용해 보니 상품의 질도 선혀 떨어지지 않았다. 오히려 다른 브랜드 제품보다 질이 좋았다. 그는 이 원두를 들여오기로 결정했다.

이렇게 결정한 상품을 시장에 내놓았더니 이디야의 커피를 마셔 본 사람들은 이디야를 다시 찾았다. 그것뿐만이 아니었다. 다른 사람들에게도 이디야를 추천했다. 주변 사람들에게 맛 좋고 합리적인 가격으로 커피를 마신 경험을 이야기하자 사람들은 이디야의 커피에 호기심을 갖고 찾아왔다. 새로운 고객은 이렇게 꼬리에 꼬리를 물고 늘어갔다.

이디야가 애초부터 이런 마케팅 기법을 활용하려고 한 것은 아니었다. 물론, 질 좋은 제품을 시장에 내놓으면 소비자들이 알아 줄 것이라는 기대는 있었다. 그러나 비즈니스가 마음먹는다고 그대로 척척 흘러가는 것은 아니지 않는가.

상당한 시간이 흐른 뒤에야 마침내 소비자들은 이디야가 매우 합리적인 가격에 커피를 팔고 있음을 알게 되었다. 소비자들은 가격 대비 커피의 질이 뛰어나다며 감동하기 시작했다. 고무된 이디야는 품질과 가격을 더욱 철저히 관리했다. 이를 경험한 소비자들의 경

▲ 이디야 커피연구소

험담은 입에서 입을 타고 널리 전파되기 시작했다. 가맹점마다 매출은 급상승했다. 입소문은 매체를 통한 홍보보다 더 큰 효과를 발휘했다. 가장 우선순위에 두었던 고객의 신뢰를 이끌어내자 모두가 이디야에 열광하기 시작했다.

입소문이 만든 최고의 브랜드 이미지

마케팅에 있어서 의도적으로 만들어내지 않은 입소문은 매우 중요하다. 최악의 경우는 기업의 생사를 결정하기도 한다. 기업들이 자사의 제품을 홍보하려고 내세우는 입에 발린 백 마디는 제품이나 서비스를 직접 경험한 주변 사람의 한 마디보다 가볍다. 주변 사람은 해당 제품이나 서비스가 아무리 잘 팔려도 아무런 이득도 보지 못하기 때문이다. 그래서 제품을 구매할 것인지 말 것인지를 결정할 때 주변 사람의 말이 큰 위력을 발휘하는 것이다. 입소문은 어떤 기업을 시장에서 도태시킬 수도 있고, 다 쓰러져가는 백화점을 구해내기도 한다.

미국 노드스트롬 백화점이 지금의 모습으로 성장하기까지는 한 전문 경영인의 역할이 주효했다. 벳시 샌더스라는 여성 전문 경영인이었다. 그녀가 노드스트롬에 입사했을 당시 이 백화점은 매년 매출이 내리막길을 걷고 있었다. 그러나 그녀가 '고객을 즐겁게 하고 최선을 다해 서비스하자!'라는 모토를 내걸고 부사장에 취임하고 고객 감동 서비스가 본격적으로 시행되자 모든 것이 달라지기 시작했다.

하지만 노드스트롬 백화점에 대한 평판이 급격히 변한 것은 놀랍게도 백화점과는 거리가 먼 교회 때문이었다. 교회와 노드스트롬의 관계라고 해봐야 물리적으로 가까운 거리에 위치하고 있다는 것뿐이었다.

신도들은 매주 청중을 휘어잡는 목사님의 설교에 빠져들었지만, 그날은 유달리 설교에 집중하며 자리를 가득 메우고 있었다. 교회 앞 게시판에 걸려 있는 '노드스트롬 사(社)가 전하는 복음'이라는 특이한 설교 주제 때문에 일주일 내내 여러 추측을 불러 일으켰기 때문이다. 가까운 곳에 있는 노드스트롬 백화점에 대해서는 알고 있었지만, 백화점이 복음과 무슨 관련이 있는지 도무지 알 수가 없었다.

어느 날 교회 목사는 크리스마스를 준비하려고 노드스트롬 백화점에 들렀다가 우연히 어떤 광경을 목격하게 되었다. 누더기 차림의 여인을 발견한 것이다. 화려한 크리스마스 장식물로 치장된 백화점의 시설물과 고가의 명품들은 그 여인과 전혀 어울려 보이지 않았다. 목사는 여인이 쫓겨날 것이라고 예상했다. 그래서 여인이 당할 봉변을 대비해 자신이 지켜 주려고 마음먹고 뒤를 따랐다. 백화점 안으로 따라 들어가면서 목사는 자신이 예견한 일이 벌어질

까봐 노심초사했다. 그러나 백화점 입구에서부터 여러 코너에 서 있던 점원들은 어느 누구도 여인의 발걸음을 막지 않았다. 오히려 다른 손님과 마찬가지로 공손한 인사와 밝은 미소로 대했다. 그 여인은 백화점에서 가장 값비싼 상품을 파는 특별 연회용 코너로 들어갔다. 점원은 친절하게 상품을 소개하고 여인이 원하는 드레스를 고르는 것을 인내심을 갖고 도와주었다. 여인의 드레스를 입어보겠다고 하자 누구도 만류하지 않고 따뜻한 미소와 공손한 말투로 그 여인을 도왔다. 드레스를 입고 탈의실에서 나왔을 때 그 초라했던 여인의 모습은 당당했고 눈에서는 밝은 빛까지 감돌았다.

여인이 떠나고 목사는 점원을 불러 조용히 물어보았다. 왜 옷을 살 능력이 없어 보이는 누추한 차림의 여인에게 드레스를 고르고 입어볼 수 있도록 했는지 이유를 물었다. 점원은 웃으면서 대답했다. "우리는 고객에게 친절을 베풀려고 이곳에 있는 거예요!"

목사는 점원의 대답에 감동을 받았다. 그리고 돌아온 일요일의 설교시간에 이 따뜻한 이야기를 전했다. 교회 신도들은 주변 사람들에게 이 이야기를 전했다. 얼마나 큰 이슈가 되었던지 캘리포니아에 있는 노드스트롬 백화점의 이야기가 뉴욕까지 퍼져 '뉴욕타임스'도 크게 다루며 멋진 설교라고 평가했다. 이 감동적인 이야기는 미국 전역에 퍼져 나갔고, 그러자 미 전역에 있는 노드스트롬 백화점에는 사람들이 몰려들기 시작했다.

이 사례에서 볼 수 있듯이 입소문은 매우 중요하다. 문제는 어떻게 해야 좋은 소문이 날 수 있느냐이다. 좋은 소문이 날 수 있게 하려면 어떻게 해야 할까. '토끼를 잡을 때는 귀를 잡고, 닭을 잡을 때는 날개를 잡아야 한다'는 격언이 있다. 사람을 잡을 때는 어떻게 해야 할까? 당연히 마음을 사로잡아야 한다. 마음을 울리는 감동만이 사람을 움직이게 한다.

가맹점 수익을 최우선으로

이디야는 '합리적인 가격과 질 좋은 커피'라는 자신들의 철학을 계속 고수할 방침이다. 이렇게 해서 고객 감동을 실천하는 것만이 고객을 불러 모으는 최선의 방법이라고 믿기 때문이다. 예비 점주들에게 본사 교육을 실시할 때도 반드시 이런 점을 강조한다.

이디야는 아르바이트생이나 매니저를 고용해서 매장 경영을 일임하지 않고, 90% 이상 점주가 직접 매장을 경영한다. 점주가 직접 경영하게 되면 아르바이트생을 고용해서 운영할 때보다 매장의 사정을 더 잘 파악할 수 있다. 문제해결에도 더욱 신속하고 정확히 대처할 수 있다. 더 중요한 것은 고객을 직접 응대할 수 있다는 점이다. 물론, 아르바이트생의 서비스 교육을 강화하면 고객에게 감동 서비스를 제공할 수 없는 것은 아니다. 그러나 매장의 주인이자 책임자인 점주들이 직접 고객을 응대하면 고객이 느끼는 진심의 농도는 더 짙을 것이다. 진심이 담긴 서비스와 맛있는 커피에 대해 고객이 느끼는 기쁨을 점주도 직접 느낄 수 있다는 장점도 있다. 점주와 고객 사이에서 소통이 잘 이뤄지면 이디야에 대한 평판은 좋아질 것이고 사람들의 발길은 이디야로 향할 것이다.

실제로 이디야 가맹점들 중에서 매출이 높은 가맹점은 어떤 곳들일까. 이들 가맹점은 점주들이 직접 고객을 응대하며 친절하게 서비스를 제공하는 곳들이다. 이들 매장은 점주가 직접 응대하기 때문에 단골고객들이 아주 많다. 뿐만 아니라 점주들은 단골고객이 어느 시간대에 매장에 방문할지, 어떤 취향의 음료를 선호하는지 등을 전부 꿰차고 있다. 고객과 더욱 친밀하게 소통할 수 있게 되는 것이다.

강남 테헤란로 오피스 상권에 위치한 이디야 대치포스코점은 이디야 가맹점들 중에서도 가장 높은 매출을 올리는 곳 중의 하나이다. 이 가맹점은 미스코리아 출신인 점주가 직접 운영하면서 고객들을 응대한다. 미모의 점주가 커피를 만들어 판다는 소문이 돌자 여기저기서 사람들이 찾기 시작했다. 점주도 밝고 환한 모습으로 친절히 응대함으로써 매장을 찾은 사람들을 단번에 단골고객으로 확보해 나갔다. 가맹점주는 "점주가 항상 매장에 상주하면서 미소로 고객들을 맞이하다 보니 금방 단골손님들이 늘었다"고 말한다. 그러면서 "매장의 주인인 점주가 직접 고객들을 맞이할 때 고객 반응도 더욱 좋다"고 덧붙였다. 단골고객들을 확보하는 비결 중의 하

나가 '점주 직접 경영'이라는 사실을 입증한 것이다.

질 좋은 제품과 친절한 서비스를 기반으로 고객의 신뢰를 얻는다. 이것이 이디야 입소문 마케팅의 첫 번째 목표이다. 두 번째 목표는 가맹점주들에게 신뢰를 얻는 것이다. 가맹점주들의 신뢰를 얻는데는 이디야만의 까다로운 가맹절차가 큰 역할을 한다. 노후대책으로 창업에 뛰어든 은퇴자들이나 청년 예비창업자들, 맞벌이를 시도하려는 주부들은 이디야의 신중한 상권분석, 그리고 철저한 준비교육과 가맹점 관리를 믿고 뛰어든다. 이렇게 다소 번거로운 절차를 거쳐 오픈한 가맹점주들은 대부분 이익을 낸다. 이를 경험한 점주들은 다시 주변 사람들에게 적극적으로 이디야를 이야기한다. 이디야 가맹점주들을 살펴보면 지인이나 친척들의 소개를 받아 운영하기 시작한 사람들이 매우 많다.

실제로 2012년에는 오픈 매장 213개 중에서 53개를 기존 가맹점주가 추가로 오픈했고, 47개는 지인의 추천으로 오픈했다. 2013년에도 오픈 매장 251개 중에서 약 100여 곳이 추가 혹은 추천 오픈이었다. 2014년에도 오픈 매장 389개 중 35%인 약 130여 곳이 추가 혹은 추천 오픈이었다.

이디야의 각 가맹점 매출은 우리가 알고 있는 것 이상으로 높다. 게다가 점주에게 돌아가는 수익도 상당히 많다. 2014년 2월 '소비자가 만드는 신문'에서 '공정거래위원회의 가맹사업거래' 자료

(2012년도 말 기준)를 분석한 결과를 보면 잘 알 수 있다. 이디야의 창업비용 대비 매출액은 업계 1위였다. 가맹점당 평균 1억 510만 원을 투자해서 연평균 2억 1,913만원의 매출을 올렸다. 창업비 대비 매출액 비율이 무려 209%로 초기 투자비 대비 두 배 이상의 매출을 올린 것이다.

지금까지 대부분의 프랜차이즈 회사들은 개설 절차를 간소화한 다음 공격적으로 가맹점을 늘려나갔다. 이렇게 새로운 매장이 늘면 늘수록 본사는 더 많은 수익을 얻을 수 있다. 경쟁이 격화되자 본사의 이익만을 추구하고 가맹점의 수익을 고려하지 않은 채 무분별하게 가맹점 허가를 내주는 일도 일어났다. 가맹점에 손실이 발생해도 본사는 전혀 책임을 지지 않는다. 이로 인해 창업에 뛰어든 많은 개인 사업자 및 은퇴자들이 큰 손실을 입는 경우가 허다하다. 어렵게 번 돈을 다 날리고 불행해진 후에야 이익을 얻게 할 참일까. 결국 이 문제는 사회문제로 확대되어 가맹사업법까지 만들어졌다.

거듭 언급하지만, 이 부분에서도 이디야는 남달랐다. 이디야는 가맹을 희망하는 예비 점주들과 충분히 상담을 한다. 그런 다음 가맹점을 낼 지역의 상권과 부동산 시세를 철저히 분석한다. 만약 수익이 날 것 같지 않으면 가맹점 개설을 승인하지 않는다. 예상매출 대비 매장 규모를 불필요하게 큰 곳을 원하는 점주들에게도 마찬가지였다. 이렇게 철저히 분석을 하고 기획한 후에 매장을 개설하기 때문에 점주들은 이익을 내면서 매장을 운영할 수 있었다.

EDIYA COFFE
EDIYA COFFEE

돌아가는 길이 꼭 먼 것만은 아니다

근래에 와서 수많은 경영학자나 전문 경영인들에 의해 새로운 경영 교과서가 쓰여지고 있다. 이전에도 피터 드러커와 같은 경영학의 대가들이 기업의 성공을 위한 공식을 창안해서 널리 알렸다. 요즘 경영자들도 다양한 경영학 서적들을 읽거나 몸소 기업을 운영하면서 경영을 배운다. 그러나, 경영에 관한 다양한 지식을 많이 알면 알수록 자신의 경영이 얼마나 성공적이지 못한지를 처참하게 깨닫게 된다. 얼마나 많은 기업들이 시장에서 자취를 감추고 있는지만 봐도 알 수 있다. 경영자는 진정한 경영이 먼 곳에 있지 않다는 사실을 깨달아야 한다. 이미 알고 있는 간단한 원칙을 이디야처럼 실천하기만 해도 충분히 시장에서 승리할 수 있다.

프랜차이즈 본사는 보이지 않는 곳에서도 가맹점의 이익을 고려해야 한다. 본사도 승자가 되어야 하지만 가맹점도 승자가 되기를 원해야 한다.

어떤 프랜차이즈 브랜드는 가맹점을 늘림으로써 수익을 좇아 무리하게 매장을 개설한다. 상권 규모에 맞지 않는 대형매장 개설을 유도하기도 한다. 또 이미 매장이 있는 곳 주변에 매장 개설을 허가함으로써 제살 깎아먹기 식의 출혈 경쟁을 유도하기도 한다.

반면, 이디야는 상권을 철저히 분석한다. 그 결과, 커피전문점이 밀집된 지역이나 과도하게 규모가 큰 매장 개설을 희망하는 점주들과 타협점을 찾아내지 못할 때도 있다. 이때 이디야는 어떻게 했을까. 더 큰 실패를 예방하기 위해 가맹점 승인을 하지 않았다. 본사 입장에서 당장은 이익이 될지 몰라도 가맹점주에게 막대한 손실이 날 수 있기 때문이다. 그리고 멀리 내다볼 때 가맹점의 이익은 곧 본사의 이익이기 때문이다.

브랜드에 대한 믿음이 생기면 고객은 더 많이 찾아온다. 이디야는 예비창업자들이 경제적인 비용으로 가맹점을 개설할 수 있게 한다. 또 이익을 내려면 어떻게 해야 하는지 확신을 심어준다. 이디야는 배려와 신뢰를 기반으로 경영을 해왔다. 이런 방식은 가끔은 지름길보다는 먼 길을 돌아가는 것처럼 보이기도 한다. 그러나 결국은 수익을 낼 수 있는 가장 안정적인 구조를 정착시켰다. 본사와 가맹점 모두 성공할 수 있게 하는 훌륭한 윈윈 전략인 것이다.

이디야의
지혜와
힘

커피 프랜차이즈 사업에 임하는 자세

프랜차이즈란 단어를 듣게 되면 가장 먼저 떠오르는 것 중 하나는 바로 프로 스포츠이다. 지역을 기반으로 한 프로 스포츠의 경우 한 팀에서 오랫동안 활약하는 유능한 대표선수를 '프랜차이즈 스타'라고 하기 때문이다.

비즈니스의 관점에서 보면 하나의 브랜드 명으로 여러 지역에 가맹점을 개설하는 것을 프랜차이즈 사업이라고 한다.

국내에서 커피 프랜차이즈 사업이 본격적으로 시작된 것은 약 20여 년 전부터이다. 비록 국내 커피 프랜차이즈 역사는 길지 않지만 격세지감이라는 말을 실감할 정도로 오늘날 크게 번창하고 있다. 그러나 한편으로 수많은 프랜차이즈 가맹점들을 보면서 한 가지 의문점이 생긴다. 음식점이나 커피전문점을 창업할 때 왜 프랜차이즈를 내려고 하는 것일까. 아마도 재료 조달이나 일정한 메뉴, 매장의 깔끔한 인테리어, 정기적인 음료 레시피 교육이나 매장 관리 등이 편하기 때문이 아닐까 싶다.

프랜차이즈 비즈니스는 제대로만 운영된다면 본사와 가맹점 모두 윈윈할 수 있는 좋은 시스템이다. 프랜차이즈의 장점은 수도 없이 많다. 앞서 말한 재료 조달, 메뉴, 인테리어, 본사의 교육과 매장 관리 등만 있는 게 아니다. 본사가 개발한 상품이 인기를 끌면 가맹점들은 좀 더 쉽게 고객을 유치할 수 있다. 본사와 가맹점의 공동 마케팅으로 시장을 이끌어 나갈 수도 있다. 문제는 시스템적인 장점이 많음에도 불구하고 본사와 가맹점이 좋은 관계를 유지하지 못하는 경우가 아주 많다는 데에 있다.

자칫 잘못하면 본사와 가맹점주의 관계는 어긋나기 십상이다. 가맹점은 본사의 브랜드를 사용하고 재료와 관리기술을 전수 받아야 한다. 그렇기 때문에 가맹점이 각종 비용을 지불하면서도 본사를 상전처럼 떠받드는 구조가 자연스럽게 만들어진다. 만약 브랜드가 유명할 경우 유명세에 따른 부담은 더 커진다. 본사는 가맹점에 부당한 계약을 요구하기도 하고 과도한 가맹비를 요구하기도 한다.

인테리어를 할 때에도 과다비용을 책정해서 점주들이 부담을 느끼기도 한다. 상권을 고려하지 않은 승인으로 기존 가맹점들의 원성을 사기도 한다. 그래서 동일 브랜드를 사용하는 가맹점이 길을 사이에 두고 오픈하는 일도 일어난다. 결국 한정된 고객을 나눠서 유치해야 하므로 동일 브랜드를 사용하는 가맹점들끼리 경쟁하는 웃지 못할 상황도 벌어진다.

가맹점이 많아지면 많아실수록 본사는 물류공급비, 홍보비, 로얼티 등을 더 많이 거둬들일 수 있다. 본사의 수익이 늘어나는 것이다. 일부 프랜차이즈 본사들이 가맹점의 상황을 고려하지 않고 또 다른 가맹점을 승인하는 이유이다. 브랜드 로고가 변경되면 가맹점도 매장을 리뉴얼해야 한다. 이때 소요되는 비용도 만만치 않지만 적지 않은 비율로 비용이 점주들의 몫으로 돌아간다. 영세 가맹점들이 이런 여러 가지 이유로 시달릴 때 프랜차이즈 본사들은 더욱 세를 더욱 확장해 나간다.

가맹사업법이 만들어진 이유도 이런 문제를 더 이상 방치해 둘 수 없었기 때문이다. 영세 가맹점주들이 일을 아무리 열심히 해도 수익이 나지 않자 불만이 폭발한 것이다. 본사는 계약을 철저히 지키라고 하지만 상황이 급변하면 완벽히 이행하기 어려울 수 있다. 프랜차이즈 본사들은 이런 상황에서도 가맹점을 냉혹하게 다룬다. 가맹점은 프랜차이즈 본사의 또 다른 고객이지만 현실에서는 일방적인 을에 불과하다.

그러나 여전히 여러 프랜차이즈 본사에는 가맹점을 내려는 사람들이 줄을 서고 있다. 이런 현상은 프랜차이즈 가맹점을 내기만 하면 수익을 낼 수 있다고 단순하게 생각하기 때문에 일어난다. 가맹점을 내는 것만으로도 수익을 낼 수 있다면 너나 할 것 없이 모두가 가맹점 승인을 받으려 할 것이다. 하지만 앞서 언급한 것처럼 현실은 항상 녹록치 않다.

이디야는 처음부터 점주들의 이익을 고려한 경영을 해 왔다. 이디야의 모든 가맹점이 많은 수익을 내는 상황이라면 굳이 그렇게 할 필요가 없었을지 모른다. 하지만 초창기에는 이디야도 많은 어려움을 겪었다. 우선 점주들부터 살리고 봐야 했고 기존의 프랜차이즈 기업들과 차별화도 이뤄내야 했다.

우선 이디야는 신설 가맹점들이 최소한의 비용으로 매장을 오픈할 수 있도록 했다. 이는 가맹점 하나가 오픈할 때마다 본사의 수익이 오르는 방식과는 다르다. 매장 오픈에 따라 수익이 상승하는 구조가 아니라 가맹점주가 안정적인 영업을 함으로써 본사도 수익을 탄탄히 할 수 있는 형태를 지향했다. 가맹점주의 성공이 곧 이디야 본사의 성공이라는 것을 이미 알고 있었던 것이다. 그러다 보니 문 대표가 경영을 시작한 후 5년여가 지나서야 이디야 본사는 실질적인 이익을 낼 수 있었다.

어려울수록 철저하게 살펴야

지금도 이디야는 가맹을 희망하는 예비 점주들을 위해 철저한 가맹점 설계와 상권분석을 진행한다. A급 상권이라 해도 임차료가 너무 비싸서 수익을 내기 어렵다고 판단되면 점주가 아무리 원해도 승인하지 않는다. 반드시 수익이 날 수 있다고 판단되는 곳에, 그리고 투자비용을 반드시 회수할 수 있다고 분석된 곳에 승인을 해주고 있다.

문 대표는 새로운 가맹점을 승인하기 전에 반드시 개발팀에 묻는다. "여러분이라면 그곳에 매장을 내서 장사를 하겠는가?" 이 물음은 이디야가 어떤 철학을 갖고 있는지 느낄 수 있게 한다. 점주의 입장에서 실제로 수익을 낼 수 있는지 고려하는 것이다. 이렇게 이디야는 가맹점 하나를 승인할 때도 과할 정도로 고민에 고민을 한다. 본사의 이익을 최우선으로 한다면 다소 무리해서라도 승인하는 것이 맞을 텐데도 말이다. 이런 점이 이디야와 다른 프랜차이즈 브랜드들과의 차이이다.

이디야의 가맹점 관리는 간결함과 투명성에 중점을 둔다. 로열티는 가맹점의 매출이나 매장의 크기와 상관없이 월 25만원(VAT 별도)으로 뚝 잘랐다. 이디야의 로열티에는 웹포스 사용료가 포함돼 있어서 엄밀히 따지면 더 저렴하다.

다른 프랜차이즈 브랜드들은 매출에서 일정 비율을 로열티로 부과하는 경우가 많다. 이디야 가맹점은 매출이 아무리 많아도 월정액으로 로열티를 지불한다. 게다가 타사 대비 20~30% 로열티가 저렴하다. 매출이 많으면 많을수록 점주에게 더 이익이 돌아가는 시스템이다.

여기에 더해 이디야는 가맹사업 초창기부터 가맹점 상권을 철저히 보호하는 조항을 만들어 시행해 오고 있다(개정 가맹사업법에서는 2014년 8월 14일부터 시행). 이디야는 가맹점 계약을 체결할 때마다 아예 계약서 마지막 장에 영업상권을 표기한 지도를 부착한 뒤 본사와 가맹점주의 도장을 날인한다. 가맹점주의 영업상권 안에 새로운 매장 개설을 금지하는 것이다. 이런 방법으로 기존 가맹점은 영업지역을 보장받을 수 있었다.

초창기부터 가맹점주가 인테리어 시공업체를 직접 선택할 수 있도록 한 것도 다른 프랜차이즈 기업들과 다르다. 기존 인테리어 시공업체의 인테리어 비용이나 시공 능력이 점주의 생각과 다를 경우가 종종 있다. 하지만 본사와의 관계를 고려하면 지시를 따라야 한다. 그러나 이디야는 가맹점이 브랜드의 정체성을 훼손하지 않는 한 얼마든지 인테리어 시공 업체를 직접 선택할 수 있게 한다. 행여나 본사가 인테리어 업체와 결탁해서 부당한 이득을 취하는 일 자체를 아예 일어날 수 없도록 만든 것이다.

예비 창업자를 위한 3가지 조언

은퇴자들은 인생을 걸고 창업에 뛰어든다. 이들 중에는 외국인, 학교 선생님, 대기업 임원 출신, 웹툰 작가, 일간지 기자, 미인대회 입상자 등 다양한 사람들이 있다. 평생 사업이라는 개념에 대해 생각해 본 적이 없는 사람들도 있다. 이들은 생계를 위해 창업에 뛰어들지만 대부분 비즈니스 현실을 낙관적으로 바라보는 경향이 있다. "프랜차이즈 본사는 그런 점까지 감안해야 한다"고 문 대표는 강조한다. 그는 "2004년에 이디야를 인수한 후 가맹점주들 중에서 원금을 까먹고 매장을 접은 사람은 거의 없다. 나는 이 사실을 가장 자랑스럽게 여긴다"고 덧붙인다.

이디야의 14년은 점주들과 신뢰를 쌓아온 여정이라고 해도 과언이 아니다. 문 대표는 프랜차이즈 예비 창업자들이 모두 성공하길 바라며 아래와 같이 조언한다.

첫째, 본사를 직접 방문해 봐야 한다. 그리고 본사의 분위기와 사원들의 표정을 살펴보는 것이 중요하다. 본사의 분위기와 사원들의 표정이 좋으면 회사의 미래도 밝다. 이 회사가 앞으로 얼마나 더 성장할 회사인지, 얼마나 좋은 회사인지 반드시 직접 확인해야 한다는 것이다.

두 번째는 본사와 점주의 관계를 살펴보는 것이다. 본사와 가맹점의 파트너십은 양쪽 모두의 성공에 불가결한 요소이다. 본사가 홍보나 프로모션 비용을 전액 부담하는지, 아니면 일부를 점주에게 부담하게 하는지 확인해야 한다. 현재 운영 중인 점주를 찾아가 물어보는 것이 좋은 방법이다. 그들은 본사와의 관계에서 좋은 점이나 어려운 점을 가장 잘 아는 위치에 있다. 그렇기 때문에 매출이나 손익에 관한 정보도 본사에서 얻는 것보다 더 정확한 경우가 많다.

세 번째는 점주 직접 경영이 매우 중요하다. 점주가 직접 운영하면 고객이 느끼는 서비스의 온도가 달라진다. 고객에게 항상 감사하는 마음을 전하는 것이 고객들의 첫 방문을 재방문으로 만들고 단골고객을 확보하는 데도 도움이 된다.

앞서 설명했듯이 이디야 경영철학의 또 다른 중심에 있는 것은 '사람'이다. 프랜차이즈 창업을 희망하는 사람들은 주로 퇴직금을 털어 노후의 생계를 계획하는 중인 경우가 많다. 또한 맞벌이 수익을 살림에 보태려는 주부나 취업난으로 창업에 눈을 돌린 청년들도 있다. 모두가 절박한 상황에 서 있는 것이다. 따라서 이들에게 창업의 성공과 안정적인 수익 창출은 무엇보다 중요하다.

본사에서 발 벗고 나서 점주를 돕는다면 본사와 점주의 관계는 어떻게 될까. 아마도 서로의 신뢰도가 높아질 것이다. 또한 점주를 먼저 살리고 공존한다는 철학은 본사의 매출 향상으로도 이어질 것이다. 이디야는 2010년에 147억 원의 매출을 기록한 후 매년 70%

이상씩 성장하고 있다. 엄청난 성장세라고 할 수 있다. 현재는 총 매출이 786억(2013년말 기준)에 달하고 있다. 앞서 언급했지만 다시 강조하고 싶다. 2013년 10월, 이디야커피는 국내 커피전문점 업계 최초로 1,000호점 개점을 달성했다. 그리고 2015년 3월, 국내 커피 전분점 업계 최초로 1,500점 개점을 달성했다.

【예비 창업자들을 위한 3가지 조언】

1. 본사를 직접 방문한 후 회사의 분위기와 사원들의 표정을 살펴라.
2. 본사와 점주의 파트너십이 견고한지 가맹점 매장을 방문해서 직접 확인하라.
3. 매장을 직접 운영함으로써 서비스의 질을 높이고 고객에게 늘 감사함을 전하라.

이쯤에서 이디야의 또 다른 경영철학을 짚어보고 싶다. 문창기 대표는 상생지락(相生之樂)이라는 말을 늘 마음에 품고 경영에 임한다. '서경(書經)'에 나오는 '생생지락(生生之樂, 살아가는 즐거움)'을 변형한 말이다. 즉 상생지락은 '함께 살아가는 즐거움'이라는 뜻이다. 이디야는 프랜차이즈 기업이 성공하려면 본사와 가맹점과 협력업체가 서로 믿고 도우며 함께 나아가야 한다고 믿는다.

문 대표는 서울경제신문에 기고한 칼럼에서 이렇게 말했다. "본사와 가맹점, 협력업체가 믿음을 토대로 유기적으로 협력하는 것이 내가 꿈꾸는 프랜차이즈 비즈니스의 '상생지락'이다."

좋은 기업에서 지혜로운 기업으로

어떤 인류학자가 아프리카 원주민의 생활을 연구했다고 한다. 어느 날, 그는 원주민 아이들에게 싱싱한 과일 바구니를 보여주며 말했다.

"저기 보이는 나무까지 가장 빨리 달려간 사람에게 이 과일 바구니를 주마."

인류학자는 어떤 아이가 1등을 할지 예상하면서 아이들의 행동을 주의 깊게 살펴보았다. 하지만 그가 목격한 것은 놀랍게도 자신이 예상한 것과는 전혀 달랐다. 그는 과일바구니를 쟁취하려고 아이들이 앞 다퉈 뛰어갈 것이라고 생각했다. 하지만 아이들은 서로 손을 잡고 달려가더니 동시에 나무 앞에 도착했다. 할 수 없이 그는 아이들 모두에게 과일 바구니를 주었고 아이들은 상으로 받은 과일을 함께 나눠 먹었다. 인류학자가 물었다.

"1등을 하면 맛있는 과일을 독차지할 수 있을 텐데 왜 함께 뛰는 거니?"

과일을 맛있게 먹던 아이들이 외쳤다.

"우리는 항상 함께 있을 거예요."

그리고 아이들은 덧붙였다. "다른 사람이 행복하지 않으면 나도 행복할 수 없어요."

짐 콜린스는《좋은 기업을 넘어 위대한 기업》에서 "이제 기업들은 좋은 기업에 머물지 말고 위대한 기업으로 도약해야 한다"고 말

▲ 이디야커피 신상품공모전(2011.12)

했다. 좋은 말이다. 그러나 현실에서는 좋은 회사를 만나기도 쉽지 않다. 좋은 기업이 되는 것 또한 쉽지 않은 일이다.

치열한 경쟁과 이기주의가 만연하면 함께 손을 잡고 나아갈 수 없다. 그런 환경에서는 경쟁 상대를 밟고 올라서야 비로소 우위에 설 수 있다. 대부분의 기업전략이나 전술도 결국은 상대방을 쓰러 뜨리는 것들이다. 그래야만 자신이 쓰러지지 않기 때문이다. 오늘날 더 많은 사람들이 더 많이 배우고 더 많은 경영지식을 쌓는다. 하지만 진정으로 지혜로운 사람의 수는 줄어들고 있다. '상생지락'을 경영철학으로 삼는 이디야는 어떤가. 짐 콜린스의 말을 변형해서 인용해 보겠다. 이디야는 '좋은 기업이면서 지혜로운 기업'이다.

다른 사람을 위해 불을 밝힐 때 내 앞이 가장 먼저 밝아진다. 마찬가지로 다른 사람을 위해 불을 밝히는 것은 손해가 아니다. 이타심으로 밝힌 불은 자기 앞길을 가장 먼저 환하게 비춰 주고 자신을 성장시킨다.

이디야의 정책, 즉 가맹점의 이익을 위해 본사의 매출을 후순위에 두는 정책은 불가사의한 것이 아니다. 비즈니스에서 파트너를 더 많이 돕는 것은 자신의 성공을 담보할 수 있는 가장 확실한 방법이다.

고객 감동
서비스를 위한
제언

마지막으로 예비 창업자들에게 고객 감동 서비스를 위한 제언을 해보려고 한다.

이런 말을 들어 보았을 것이다.

"음식점에서 종업원을 대하는 모습을 보면 그 사람의 인격을 알 수 있다."

언뜻 보면 아주 나쁜 고객들이 지천에 널린 것처럼 들린다. 물론 나쁜 고객들이 존재하기는 한다. 하지만 서비스를 받는 소비자는 무수히 많기 때문에 전체로 따지면 그런 고객은 극히 적은 수에 불과할 것이다. 사실 고객 입장에서는 지금 자신에게 서비스를 제공하는 사람이 전문가인지 아닌지 알 수 없다. 그래서 형편없는 서비스를 받으면 실수라고 여기지 않고 화를 터트린다. 그러다 보면 손님이 종업원을 질책하는 상황이 벌어지기도 한다. 종업원 역시 사람이기 때문에 이런 상황에 처하면 당황스럽고 화가 날 것이다. 그러나 어쨌든 서비스 업무에 종사하는 사람들은 고객이 제기하는 불만을 잘 경청해야 한다. 그런 노력이 따를 때 전반적인 서비스 수준도 높아진다.

자신의 사소한 이익을 위해 일부러 무리한 요구를 하는 게 아니라면 불친절한 서비스에 대해 문제를 제기하는 것은 인격과 관계가 없다. 참는 것만이 미덕은 아니기 때문이다. 서비스가 형편없다면 일깨워주고 가르쳐 줘야 한다.

여러분이 지금까지 받아왔던 서비스를 생각해 보라. 그리고 실망스러웠던 경험은 없었는지 떠올려 보라. 아마도 무수히 많았다는 사실을 알고 놀라게 될 것이다. 서비스에 대한 올바른 인식이 없는 사람들이 제공하는 서비스는 그 자체로 끔찍하다.

정말로 말도 안 되는 요구를 하는 진상 손님도 있고 때로는 손님의 오해로 갈등이 생기기도 한다. 손님들의 황당한 요구를 다 들어주라는 이야기가 아니다. 중요한 것은 고객불만이 예상하지 못한 상황에서 일어나고 예상하지 못한 상황으로 전개된다는 점이다. 만약 감동적인 서비스가 이뤄진다면 고객은 당신의 가게에 대한 좋은 이미지를 오랫동안 유지할 것이다. 반대로 고객의 요구에 적절히 대응하지 못하면 그 사람은 여기저기에 험담을 늘어놓고 다닐 것이다. 이는 가게의 평판에 큰 영향을 미칠 수 있다. 이제 서비스 담당자들이 고객을 어떻게 대해야 하는지 알 수 있을 것이다. 고객은 감동을 주는 서비스, 나쁜 서비스를 모두 오래 기억한다.

서비스업에 종사하는 사람들을 떠올려 보라. 어떤 사람은 항상 화가 난 표정으로 일을 한다. 왜 그럴까. 여러 가지 이유가 있겠지만 대부분은 고객을 대할 때 '표정 관리'가 필요하다는 사실 자체를 모른다. 그저 집에서 하던 대로 또는 친구를 만났을 때처럼 행동하는 것이다. 원래 표정이 밝은 사람이라면 문제가 없지만 그렇지 않은 사람은 표정을 밝게 하는 연습을 해야 한다.

고객이 사사로운 요청을 하면 어떤 종업원들은 '가게의 규칙' 때문에 안 된다고 이야기 한다. 그렇게 하는 것이 점주에게 충성하는 것이라고 믿기 때문이다. 그러나 서비스직에 있는 사람이라면 고객에게 적어도 '해결을 위해 노력하겠다'고 말할 수 있어야 한다. 만약 고객의 요구를 들어줄 수 없는 특별한 사정이 있다면 그 이유를 모두가 납득할 수 있도록 조리 있게 설명해야 한다. 고객이 요구하기 전에 미리 알릴 수 있으면 더 좋다.

고객의 작은 요구를 묵살하고 대신 변명을 늘어놓는다고 생각해 보자. 아마 1만 가지도 넘는 이유를 댈 수 있을 것이다. 그러나 마찬가지로 고객의 요구를 들어줄 수 있는 이유도 1만 가지는 된다. 하지만 고객의 요구에 지레 겁먹을 필요는 없다. 그 어느 고객도 1만 가지의 요구를 하지는 않을 테니까. 단지 그들이 바라는 것은 대부분 해결 가능한 작은 불만들뿐이다.

고객 불만의 진실

그렇다면 매장 안에서 불만을 느낀 고객들은 어떻게 행동할까. 고객불만의 진실에 대해 알아보자.

칼 아브렉트와 롬 젬크가 아주 흥미로운 연구를 했다. 이들은 자신들의 연구를 '고객 불만의 진실'이라 칭하고 미국 기술지원 연구 프로그램인 '서비스 아메리카'에 다음과 같은 글을 게재했다.

첫째, 불만을 느낀 고객들 중에서 4%만이 실제로 불만을 제기한다. 나머지 96%는 화가 난 채로 돌아간다. 서비스를 제공하는 회사들은 불만을 제기하는 사람이 아주 적을지라도 실제 불만을 가진 사람은 그 몇십 배에 달한다는 사실을 기억해야 한다. 그러나 직원들은 그 사실을 깨닫지 못하고 계속해서 잘못된 방식으로 고객을 대한다.

둘째, 하나의 불만이 접수되면 동일한 불만을 가진 고객이 평균 26명은 더 있다는 뜻이다. 그 중에서도 6명은 매우 심한 불만을 갖고 있다. 그렇다면 이 사람들은 어떤 행동을 할까.

셋째, 불만이 있는 고객은 그 내용을 평균 9~10명에게 전달한다. 20명이 넘는 사람에게 말하는 사람도 13%에 달했다. 앞에서 언급했지만 입소문은 기업의 성패를 좌우할 수 있다. 고객 서비스를 담당하는 사람들은 이에 대한 주의를 다시 한 번 환기해야 한다.

넷째, 불만을 제기한 고객 중 56~70%는 불만이 해소되면 다시 찾아온다. 또한 불만에 신속히 대처한 경우 그 수치는 96%까지 올라간다. 유능한 관리자라면 고객이 불만을 제기했을 때 그 문제를 신속히 해결하려고 할 것이다. 그러나 실제 서비스 현장에서는 대부분 자신들의 문제가 아니라고 생각하며 어떤 노력도 하지 않는다. 심지어는 귀찮은 일로 치부하거나 고약한 고객 때문에 기분이 상했다며 무시한다.

다섯째, 관리자의 적절하고 신속한 조치로 불만이 해소되면 고객은 평균 5~6명에게 그 이야기를 전한다. 다시 한 번 서비스와 서비스 교육의 중요성에 대해 생각하게 된다.

서비스업에 종사하는 사람들에게는 이제 새로운 인식이 필요하다. 그래야만 수많은 고객들의 불만을 해소하고 감동 서비스를 실현할 수 있다. 서비스업을 그저 단순하고 반복적인 일로 생각해서는 안 된다. 상사의 지시만 기다리고 있는 것도 좋지 못한 태도다. 다른 사람의 기분을 좌우할 수 있는 서비스직의 사람들은 특히 '사명감'을 가질 필요가 있다. 사명감이 바로 감동적인 서비스를 실현시키는 열쇠이기 때문이다.

서비스 업무란 아무나 할 수 있는 일이 아니다. 아침에 잠깐 들어간 커피숍에서 받았던 친절한 서비스를 떠올려 보라. 그 덕분에 하루 종일 기분이 좋았던 경험을 한 번쯤은 해 보았을 것이다. 서비스는 그만큼 중요한 일이다. 그리고 서비스 업종에서 일할 때는 자신이 유능한 사람이라는 것을 인식하고 있어야 한다. 당신이 유능한 사람이기 때문에 기꺼이 비용을 지불하면서 감동적인 서비스를 받으려는 것이다.

또 서비스 담당자는 고객이 높은 수준의 서비스를 기대하고 있다는 사실도 알아야 한다. 단순히 지시를 따르는 등 수동적인 대응자세로는 고객의 기대를 충족시킬 수 없다. 그러면 고객은 자신을 충족시켜 줄 수 있는 다른 곳으로 바로 떠나가 버린다.

커피전문점처럼 상품과 서비스가 결합된 곳에서는 고객을 대하는 태도가 더욱 중요하다. 상품의 질이 아무리 좋아도 서비스가 나쁘면 상품에 대해서는 아무도 언급하지 않는다. 고객들의 머릿속에 남는 것은 오직 나쁜 서비스뿐이다.

상품과 서비스를 동시에 제공하는 커피전문점들에서 간과할 수 있는 부분들을 점검해 보자.

먼저 커피 맛이 이상한 경우가 있다. 커피전문점 커피에는 거의 대부분 우유나 시럽 등이 들어가는데, 이 양을 적절히 조절하지 못할 때 주로 고객들의 클레임이 발생한다. 물론 커피는 '서비스'가 아닌 '상품'이지만 고객은 이런 경우에도 불친절 서비스라고 인식하게 된다.

매장의 상태가 깔끔하지 않고 어수선하거나 커피를 내리는 소음 때문에 옆 사람과 대화를 나누기 어려운 경우도 있다. 또 카운터 위에 먼지가 쌓여 있거나 잡동사니 등이 어지럽게 놓여 있는 경우도 있다. 이런 상황들 역시 '서비스가 불친절하다'고 느끼게 하는 요소들이다.

한 때 어떤 카페가 고객의 항의로 인해 기사화된 적이 있었다. A라는 카페를 방문한 고객은 자신이 갔던 커피숍에 화가 나서 홈페이지에 글을 남겼다. 답글을 확인한 그는 아연실색할 수밖에 없었다. 이 고객이 A카페를 방문한 날은 크리스마스 날이었다. 그 곳에서 여자 친구와 함께 케이크 1개에 커피 2잔을 시키고 자리를 잡았다. 이후 커피를 더 마시려고 테이크아웃 전용 컵에 담긴 커피 2잔을 더 구매했다. 이를 본 매장 직원이 '테이크아웃 커피는 할인 품이므로 매장 안에서 마시면 안 된다'며 나가 줄 것을 요구했다. 5분이 지나자 직원은 다시 찾아와서 나가달라고 말했다. 이 고객은 조금 있다가 곧 나갈 생각에 테이크아웃 잔으로 구매했고 50%가 할인된 사실은 모르고 있었다. 비록 테이크아웃 잔이었지만 2잔을 추가로 구입한 고객에 대하는 태도에 화가 난 그는 매장 관리자와 직원에게 사과를 요구하는 글을 올린 것이다. 이에 관리자는 "좋은 크리스마스에 불쾌한 경험이 되셨다니 유감"이라면서 "그렇지만 저희는 매장의 룰을 인정해 주시는 분만이 저희 커피와 케이크를 즐겨 주실 자격이 있다고 생각한다"고 입장을 밝혔다. 또 "저희 룰이라는 것은 하루에도 수천 명씩 다녀가시는 손님들의 형평성에 어긋나지 않게 짜여 있으며 매출과는 상관없이 그것이 룰"이라며 "송구스럽지만 다른 손님들을 위해 룰을 지키지 못하는 분들은 굳이 오지 않으셔도 무방하다"고 글을 남겼다.

관리자의 답변은 누그러뜨리기는커녕 고객을 더욱 화나게 했다. 이 고객은 "애초에 할인제도가 있다면 잘 보이는 곳에 안내문을 붙이든가", "테이크아웃 잔에 달라고 말할 때 설명 한 마디만 했어도 굳이 이런 일을 당하지 않아도 되었을 것"이라며 억울해 했다. 답변 역시 "커피와 케이크를 즐길 자격을 갖추지 못했다며 비꼬는 것처럼" 들린다며 불쾌함을 감추지 못했다.

이 소식을 접한 네티즌들은 "매니저라는 사람의 대응방식에 어이가 없다. 당신 한 명쯤 오지 않아도 장사는 잘 된다는 건가?" "아무리 룰이라도 저렇게 융통성이 없나? 매니저라는 사람의 답변이 서비스의 룰과 완전히 어긋난다." "하루에 수천 명 다녀가는 카페 매니저 수준이 저 정도인가? 유명하고 장사도 잘 되니까 안 가면 되겠다"라고 말하며 매니저와 카페를 비난했다.

위 사례는 고객 서비스를 이해하지 못하면 얼마든지 일어날 수 있는 일이다. 현실에서 고객들이 얼마나 푸대접을 받고 있는지도

▲ 제3회 이디야 뮤직 페스타(2013.09, 잠실실내체육관)

잘 알 수 있다. 매장의 룰을 반드시 지켜야 한다고 생각하는가? 그렇다면 그 룰을 모든 고객이 알 수 있도록 명확히 제시해야 한다. 고객이 매장의 룰을 전부 알지 못하는 것은 당연한 일이다.

어떤 음식점은 벽에 이런 글귀를 붙여 놓기도 한다. "메뉴 변경이나 취소는 받지 않습니다." 이런 음식점들이 과연 고객 감동 서비스에 얼마나 관심을 갖고 있을까.

문제는 커피숍이든 음식점이든 고객 만족을 위한 서비스를 부차적인 것으로 여긴다는 점이다. 서비스라는 일에 대해 가치를 못 느끼거나 제대로 배워야 할 일이라는 인식 대신에 누구나 할 수 있는 일이라고 생각한다. 그렇기 때문에 고객이 작은 부탁이라도 하면 '요청을 어떻게 들어줄지'가 아닌 '요청을 들어줘도 될지'를 먼저 생각한다. 점주도 제대로 된 고객 서비스가 무엇인지 모른다. 고객 불만이 제기되면 이들은 담당자와 고객 사이에서 어쩔 줄을 몰라 하다가 어물쩍 회피해 버린다.

감동 서비스를 제공하기 위해서는 서비스가 무엇인지에 대해 다시 생각해 봐야 한다. 질 좋은 제품 제공만으로는 고객을 만족시킬 수 없는 시대가 되었기 때문이다. 기억에 남는 서비스, 감동적인 서비스만이 고객을 붙들어 둘 수 있다. 이젠 상품의 가치와 마찬가지로 고객만족을 위한 서비스도 불변의 가치로 유지되어야 한다.

이렇듯 서비스가 성공의 필수요소임에도 불구하고. 서비스의 개선은 더디기만 해 보인다. 그 이유로는 크게 세 가지가 있는 것 같다.

1. 고객 만속을 위한 기본적인 노력의 부족
2. 서비스를 비즈니스의 본질로 여기지 않는 태도
3. 서비스 업종을 낮춰 보는 안팎의 관점

반드시 서비스에 대한 인식의 대전환이 이뤄져야 한다. 그래야만 받는 사람도, 주는 사람도 행복한 서비스를 만들 수 있다.

고객에게 감동을 주는 서비스는 앞에서 살펴본 것처럼 아주 중요하다. 하지만 어떻게 하면 그런 서비스가 가능할까. 다음에 제안하는 지침을 정답이라고 말할 수는 없다. 그러나 예비 창업자들이 마음속에 두고 새기면 자신만의 정답을 만들어갈 수 있을 것이다. 이밖에도 더 많은 지침을 만들 수 있겠지만 10가지만 제시해 보려고 한다.

커피전문점 예비 창업자들을 위한
10가지 서비스 지침

① 고객에게 도움을 주려는 자세로 일한다.

② '나는 지금 고객 서비스라는 특별한 일을 하고 있다' 고 인식한다.

③ 고객은 열정적으로 일하는 사람을 보면 만족을 느낀다.

④ 현재의 서비스 수준으로는 고객을 만족시킬 수 없다.

⑤ 달성하기 어려운 목표까지 배려할 때 고객만족 서비스를 실현할 수 있다.

⑥ 고객이 받고 싶은 서비스가 무엇인지 알려고 노력한다.

⑦ 고객만족을 위한 서비스 태도를 습관화한다.

⑧ 규칙과 고객의 요구 사이에는 모순이 있을 수 있음을 이해하고 적절히

대응한다.

⑨ 모든 결정은 고객이 진정으로 원하고 필요로 하는 것에 맞춰져야 한다.

⑩ 고객이 제기한 불만을 개선할 수 있는 방법을 모색한다.

강의를 하기 위해 강단에 오르면 학생들의 숨은 얼굴들이 훤히 보인다. 눈을 반짝이며 귀를 기울이는 얼굴이 있는가 하면, 전날 무얼 했는지 졸음이 잔뜩 묻어나는 얼굴도 있다. 앞을 보고 있지만 머릿속은 딴 생각으로 가득 차 있는 얼굴도 있다. 나는 그 얼굴들 하나하나를 사진 찍듯 바라보며 강의를 시작한다. 이들은 내일의 아름다운 꽃이 숨겨진 알뿌리 같이 저마다 무궁무진한 가능성을 품고 앉아 있다.

나는 학교에서 일본문화(日本文化)을 가르친다. 나의 수업시간은 전공과 관련된 강의와 더불어 세상을 살아가는 지혜와 지식들로 가득 차 있다. 학생들이 보다 더 풍부한 세계관을 가졌으면 하는 바람에서다. 이야기를 하다가 진로에 관한 주제에 이르면 학생들은 자세를 고쳐 앉고 주의를 집중한다. 자신의 장래에 관한 수수께끼를 푸는 데 힌트 하나라도 더 얻어 가려는 것이다. 때로 쓸쓸한 표정이 비칠 때도 있다. 아득한 앞날에 대한 불안감일 터. 그 시간을 지나온 선배로서 그 표정의 의미를 모를 리가 없다.

그럴 때 나는 더욱 더 큰 소리로 외친다. "불안할수록 더 큰 꿈을 가져라. 구글의 창업자인 래리 페이지와 세르게이 브린도 불과 10

년 전에는 너희와 같은 대학생이었다. 야후도, 알타비스타도 그들의 의견에 귀를 기울이지 않았다. 차고를 개조한 사무실에서 남다른 꿈을 키워나간 것이 지금의 신화를 만든 것이다"라고….

나는 우리 젊은이들이 비좁은 일자리 시장에 뛰어들어 자신의 꿈을 남들과 똑같이 재단하지 말기를 바란다. 왕성한 혈기에서 솟아나는 참신한 생각들로 지금까지와 다른 지평을 열정적으로 열어나갈 수 있다. 똑같이 커피를 팔더라도 사람들의 마음에 깊은 인상을 줄 수 있는 새로운 방법을 연구하라.

이디야를 참고하기 바란다. 그리고 그것을 변용하여 자신의 새로운 꿈에 적용하라. 사람들의 마음에 남을 수 있다면 반드시 성공한다. 이러한 메세지를 전하기 위해 나는 이 책을 쓰기 시작했다.

우리 젊은이들이 꿈을 그리고 펼쳐가는 데 이 책이 조금이라도 힘이 되었으면 좋겠다. 그리고 그 꿈이 훗날 창조와 희망의 물결로 파동치길 바라며 글을 마친다.

사람, 사랑 그리고 이디야

'사람'과 '사랑'은 비슷한 단어이다. 순우리말이라는 점에서 비슷하고, 발음과 형태도 비슷하다. 또 '사랑'은 '사람'에서 파생된 단어라는 이야기도 있다. '사람'은 '살'이라는 어근에 '암'이라는 접미사가 붙어 만들어진 단어다. 사랑도 '살'이라는 어근에 '앙'이라는 접미사가 붙어 만들어진 단어이다. '살'이라는 어근은 '사람'이라는 뜻을 지니며 '사랑'은 '사람'에서 파생된 단어이다. '사람'이 존재해야 '사랑'이 존재한다는 뜻이 아닐까. 더 확장하면, 이 세상에 '사람'이 사는 이상 '사랑'은 최고의 가치가 될 거란 의미가 아닐까.

이야기의 서두에 뜬금없이 '사람'과 '사랑'에 대한 이야기를 꺼낸 이유는 바로 문창기 대표 때문이다. 그 사실을 깨닫게 됐을 때 필자는 문 대표와의 몇 차례 인터뷰를 마친 뒤 그의 이야기를 정리하고 있었다. 그는 인터뷰 도중 '사람'과 '사랑'이라는 단어를 유독 많이 언급했다. 커피에 대해 이야기할 때도, 사업과 실패와 성공에 대해 이야기할 때도, 목표와 꿈에 대해 이야기할 때도 그의 입에서는 '사람'과 '사랑'이 끊임없이 반복됐다.

다음 인터뷰 때 필자는 문 대표에게 그 이유를 물었다. "'사람'을 '사랑'하는 게 이디야커피의 모토입니다." 그의 대답이었다. 그는 이디야의 경영철학인 '상생(相生)'도 기업문화인 '정애락(正愛樂)' 도 다 '사람'과 '사랑'에서 나왔다고 덧붙였다. 또 인터뷰에서 말한 고객님께 최고의 커피와 음료를 선사하기 위한 열정과 가맹점주, 협력업체와의 상생 노력은 모두 '사람'과 '사랑'이라는 범주 안에 서 나온 것이라고 말했다.

필자가 좀 더 자세히 설명해 달라고 하자 문 대표는 이디야커피 는 커피 회사이기 이전에 사람이 먹는 식품을 만들어 파는 회사라 고 말했다. 또한 사람에게 있어서 먹는 것은 가장 중요한 것이며, 때문에 지난 14년 동안 막중한 책임감을 갖고 일해 왔다고 강조했 다. 그는 평소 할아버지, 본인, 손자 3대가 먹어도 좋고 안전한 식 품을 만들어야 한다는 소신을 지니고 있었다. 그 말을 하는 문 대 표의 표정은 자못 비장했다. 또한 자신 뿐만 아니라 이디야 직원 모두가 그렇게 생각하고 있다고 했다. 사람을 사랑하는 진심을 담 아 커피와 음료를 만들지 않으면 절대 고객에게 사랑받을 수 없다 고 거듭 강조했다.

이디야커피 직원들에게 들은 다음 일화가 이 이야기를 이해하는 데 도움이 될지도 모르겠다.

　2013년 봄, 여름을 맞이해 여느 커피전문점처럼 이디아커피도 '팥빙수'를 개발하는 데 여념이 없었다. 상품개발팀 직원들은 내부 직원 시음회 일자에 맞춰 불철주야 제품을 개발하느라 노력했고, 구매물류팀 직원들은 실무자로서 제품의 원가를 계산하고 본사와 가맹점주에게 떨어질 이윤은 얼마나 되는지 계산기를 두드리는 데 열중했다.

　그러던 어느 날, 관련부서 팀장은 문 대표에게 원가를 낮추기 위해 중국산 팥을 쓸 수 밖에 없다고 보고했다. 항상 사람 좋은 웃음으로 직원들을 대하던 문 대표는 불같이 화를 냈다. "중국산 팥은 국산 팥에 비해 원가가 낮을지 모르지만 가공을 많이 해 팥 고유의 맛이 훼손되고 당도가 높아서 건강에 해로울 수밖에 없다. 이건 고객이 먹는 것을 최우선으로 여기는 이디야의 기본원칙에 위배되는 것이며, 중국산 팥으로 팥빙수를 출시하는 순간 여태 이디야가 쌓아온 '진심을 담은 커피'라는 브랜드는 사라진다. 따라서 원가 부담은 본사가 안더라도 국내산 팥을 사용해 고객들에게 건강한 팥빙수를 제공하는 게 맞다"고 팀장을 꾸짖었다.

　이렇게 출시된 게 바로 '리얼빙수시리즈'이다. 2013년에 출시된

'리얼 팥빙수'는 국내산 팥을, '리얼 녹차빙수'는 국내산 팥과 국내산 녹차가루를 첨가했다. 올해는 이에 더해 '리얼빙수 3종'을 추가 출시했으며, 누적 판매량이 300만 잔을 돌파하며 고객들의 큰 사랑을 받고 있다.

고객이 먹는 제품 하나 하나에 진심을 담다니, 이윤 창출을 최우선으로 여기는 기업가로서 쉽지 않은 결정이다. '사람'을 '사랑'하는 문 대표와 이디야커피의 노력은 결국 300만 잔이라는 결실이 되어 돌아왔다. 만약 원가를 절감하기 위해 중국산 팥을 썼다면 어떻게 됐을까. 조금 더 이익을 봤을는지는 모르지만, 이디야와 고객 사이의 굳건한 신뢰는 결국 깨지고 말았을 것이다.

문 대표에게 소중한 '사람'이 또 있었다. 바로 가맹점주이다. 그는 필자에게 보여줄 게 있다면서 서랍 안에서 무언가를 꺼내 건넸다. 그가 내게 건넨 건 한 통의 편지였다.

그 편지는 2008년 가맹점주에게 받은 것이었다. 그 무렵 이디야커피를 운영하기 시작한 이대점 점주가 보낸 편지였다. 문 대표는 지금까지 그 편지를 보물처럼 소중하게 간직하고 있었다.

"이디야의 한 가족이 된 것을 정말 기쁘게 생각합니다"라는 말로 시작하는 점주의 편지에는 점포 계약부터 운영까지 생생한 경험담이 쓰여 있었다. 문 대표는 이디야커피에 자신의 모든 것을 쏟아 부은 점주님의 희로애락이 담긴 편지를 읽으면서 감동하지 않을 수 없었다고 말했다.

점주는 편지의 마지막에 이디야커피 창업을 도왔던 본사 직원들에게 감사의 말을 전하면서 "한번도 억지로 설득시켜 계약을 하지 않았고 감언이설로 돈을 많이 벌 수 있다고 설명하지도 않았지만, 우리 사정에 맞는 창업을 권유하고 그것이 이루어지도록 애쓰는 모습에서 저는 믿음이 생겼습니다"라고 덧붙였다.

점주의 진심 어린 편지에서 발견한 '믿음'이라는 단어는 문 대표와 본사 직원들을 감동시켰다. 그는 요즘에도 사업에 대한 고민이 있을 때면 편지를 꺼내 다시 읽고 초심을 다잡는다고 한다. 그리고 그때마다 맛있는 커피와 최상의 서비스를 위해 땀 흘리는 가맹점주들의 모습이 떠올라 가슴이 벅차오른다고 말했다.

문 대표가 회사를 경영하면서 가장 설레는 순간은 가맹점 개설을 위해 교육 받는 점주님들을 만나는 시간이다. 다양한 인생을 경험한 뒤 이디야에 둥지를 틀게 될 점주님들과 이야기를 나누면, 어느새 이디야와 함께 할 미래에 대한 희망찬 꿈을 꾸고 있는 것을 깨닫게 된다.

이토록 가맹점주를 존경하는 본사 대표이사가 있을까. '갑의 횡포'가 범람하는 요즘 세태에 말이다. 모두 '이디야커피'라는 토양에 '사람'과 '사랑'이 그 뿌리를 깊게 내려서 그런 것은 아닐까.

그날 필자는 문 대표의 안내에 따라 사무실을 구경하고 직원들을 소개받았다. 곳곳에 아기자기한 인테리어와 벽화로 디자인된 사무실은 화사했고 젊은 직원들의 표정은 밝고 활기찼다. 문 대표가 직원 이야기를 할 때면 웃음이 끊이지 않는 이유를 알 것 같았다.

그 중 가장 기억에 남는 건 아카데미팀 팀장이다. 필자가 아카데미팀장을 처음 만난 장소는 예비 점주 교육장이었다. 그녀는 새롭게 매장을 오픈할 가맹점주를 대상으로 음료 레시피 교육을 하고 있었다. 여리고 가냘픈 외모였지만 나긋나긋한 그녀의 목소리에는 확신이 넘쳤고, 필자도 어느새 가맹점주처럼 그녀에게 집중하고 있었다. 그녀가 인상적이어서 문 대표에게 넌지시 물으니 그는 또 사람 좋은 웃음을 지었다. 이디야의 시작과 성장에 그녀는 20대를 바쳤고, 어려운 시절을 함께 견뎌주었기 때문에 이디야커피에게 더욱 각별한 직원이었다.

그녀는 이디야커피 직영점에서 아르바이트생으로 이디야커피와 첫 인연을 맺었다. 문 대표와 그녀의 첫 만남 역시 그 매장에서 이루어졌다. 문 대표는 일반 손님인 양 아르바이트생에게 까다로운 요청을 했고, 당시 그녀는 얼굴 하나 찡그리지 않는 밝은 얼굴로 문 대표를 응대했다. 짓궂은 질문을 해도 최선을 다해 친절하게 답하는 모습도 인상적이었다. 때마침 문 대표는 점주들의 교육을 담당할 직원이 필요했고 '저 친구 정도면 품성이나 인성이 괜찮다', '본사에서 장기적으로 채용해도 되겠다'라고 생각했다. 그렇게 그녀는 이디야의 가족이 되었다. 아카데미팀장은 이디야와 함께 성장한 젊은이라는 점에서 의미가 있다. 아마도 좋은 인연이라는 건 서로 의미 있는 영향을 주고 받는 것은 아닐까라는 생각이 든다.

수줍음이 유난히 많았던 아카데미팀장은 처음 매장 일을 시작할 때 주문 받은 음료를 다 만들고도 "주문하신 음료 나왔습니다"란

말조차 부끄러워서 하지 못했다고 한다. 하지만 지금은 예비 점주님들을 상대로 능수능란하게 음료 교육을 시키다니 놀라웠다.

이처럼 이디야커피의 가장 큰 자산은 사람이다. 문창기 대표는 앞으로도 아카데미팀장의 선례를 따를 인재를 육성하기 위해 지원을 아끼지 않을 것이라고 말했다. 사업이 방향을 잃고 표류할 때 직원들은 문 대표에게 힘과 용기를 주었으며, 역동적이고 활기찬 젊은 직원들과 어울리다 보면 평생에 걸쳐 깨닫지 못한 것을 배우기도 한다고 덧붙였다. 필자는 무엇보다 당당하고 활기차게 그들이 맡은 일에 젊음을 바쳐 최선을 다하는 직원들을 보면서 이디야는 '사람'을 '사랑'하는, '사람'을 '사랑'하게 만드는 기업이라는 것을 느꼈다.

문 대표를 마지막으로 찾아간 건 이디야커피의 사옥 이전 기념식이 있던 7월 1일이었다. 그는 책을 쓸 때 참고할 게 많을 거라며 필자를 초대했다. 이디야커피는 3년 동안 본사로 사용하던 선릉 동양빌딩을 떠나 역삼사옥(역삼동 GS타워)으로 이전을 한 상태였다.

이디야커피는 GS타워의 14층과 15층을 사용하고 있었다. 한 층의 넓이는 실평수 기준 약 $1,650㎡$였고, 축구장처럼 넓은 공간에 직원들이 밝은 표정으로 일하고 있었다.

한켠에는 다른 회사에서는 볼 수 없는 다양한 공간이 마련돼 있었다. 수퍼바이저가 가맹점주와 방해 받지 않고 긴밀하게 전화 통화할 수 있도록 마련된 공중전화 모양의 귀여운 폰 부스, 여직원들이 편하게 쉴 수 있는 여직원 휴게실, 상품개발팀 직원들이 방해받지 않고 제품 개발에 몰두할 수 있는 R&D실, 직원들이 일과 중 잠시 머리를 식히고 업무에 영감을 받을 수 있도록 꾸며놓은 사내 도서관, 매장과 동일하게 꾸며놓아 예비 점주님들이 본사 직원들을 상대로 실습을 하고 본사 직원들이 마음껏 음료를 마실 수 있는 사내 카페테리아, 퇴근 시간마다 신나는 노래를 틀어주는 사내 방송국, 넓은 회의 공간과 창업희망자 상담실. 게다가 아침 점심 저녁을 제공하고 셔틀버스로 편하게 출퇴근하게 하는 회사라니.

이디야커피 역삼사옥은 한 마디로 근사했다. 직원들의 복리후생으로 유명한 미국의 '구글'처럼 젊은 사원들의 창의성을 북돋아주는 회사, 그 공간에서 마음껏 젊은 열정과 재기발랄한 아이디어를 발산하며 일하는 직원들, 내가 조금만 젊었어도 이 회사에서 일하고 싶을 정도였다.

'사람'이 근간이 되지 않았다면 직원들이 놀이터에서 놀 듯 자유롭고 편안하게 일할 수 있을까. 문 대표와 이디야커피에게 '사람'과 '사랑'이 중요하지 않았다면 이처럼 직원들이 환하게 웃을 수 있을까.

마지막 인터뷰 자리에서 문 대표는 이디야의 최종적인 목표가 '인류애를 실현하는 기업'이라고 말했다. 고객들의 사랑을 받은 만큼 그 사랑을 우선 사회소외계층과 나누어 갈 것이라고 밝혔다.

이디야가 꿈꾸는 세상은 평범하지만 이상적인 세상이다. '사람'이 '사람'을 '사랑'하는 세상, '사람'의 '사랑'이 넘치는 세상. 어쩌면 문 대표와 이디야커피는 '사람'과 '사람' 사이를, '사람'과 '사랑' 사이를 커피 한 잔으로 이어주는 매개체가 되고 싶은지도 모른다.

젊은이들은
왜 이디야에 열광하는가

초판 1쇄 발행 2014년 7월 31일
초판 7쇄 발행 2017년 2월 20일

지은이 김대식
펴낸이 전호림
기획 · 제작 비즈앤노블
마케팅 · 홍보 강동균 박태규 김혜원

펴낸곳 매경출판㈜
등 록 2003년 4월 24일(No. 2-3759)
주 소 (04557) 서울시 중구 충무로 2(필동1가) 매일경제 별관 2층 매경출판㈜
홈페이지 www.mkbook.co.kr **페이스북** facebook.com/maekyung1
전 화 02)2000-2636(마케팅) 02)2000-2606(구입 문의)
팩 스 02)2000-2609 **이메일** publish@mk.co.kr
인쇄 · 제본 ㈜M-print 031)8071-0961
ISBN 979-11-5542-142-0(03320)